NPO の新段階

市民が変える社会のかたち

末村祐子 編著

法律文化社

はじめに

連日のように報道されるいじめや児童虐待の問題、複雑な要因から生じている少子化の問題、教育の問題、社会保険庁の業務執行能力に関わる問題、急速に進む高齢化、介護や年金制度の問題、そして国家財政の状況。日本の公的部門はまさに再構築の時代を迎えています。

ＮＰＯへの関心は、阪神・淡路大震災での経験が大きな契機となったことも関係し、こうした日本の社会的課題が今ほど深刻さを増すよりも前に、高まりをみせるようになりました。結果、市民による自主的な非営利活動を促進するための法律として、一九九八年には特定非営利活動促進法（以下ＮＰＯ法）が施行されるに至ります。その後の同法の活用も活発で、制定からわずか八年の間に、法人格を取得した団体は約二万九千にのぼり、多くのＮＰＯが、個々人がより多様な形態で社会と接点をもつ際の有効な器となったり、小規模ながら地域のニーズに応えるようなコミュニティビジネスの主体となる等、実に幅広い分野で社会課題を克服する上で優れた能力を発揮し続けています。

このようにＮＰＯが固有の優れた能力を発揮する例がある一方で、最近は、ＮＰＯ法人格を行き過ぎた既得権の温存や、詐欺行為の隠れ蓑といった、利己的な行為に利用するという憂うべき例も報じられるようになってきました。このような状況の背景には、何よりも当事者の意識に問題があることはいうまでもありませんが、もうひとつ、日本の公的部門が抜本的な制度改革を必要としているのにもかかわらず、いまだその域に達していないという状況があります。個別には高い志を全うしたように思われる法律も、他の制度を含め総じてみた時に整合性や一貫性を欠くことがあります。そうした状況が、モラルを欠いた行動を促したり、また正直に取り組んでいる組織の成長や能力の発揮を妨げることが憂慮されます。

本書は、日本の公的部門の再構築にＮＰＯがはたす役割を不可欠なものとして、前後期ともにＮＰＯをテーマに展開した二〇〇五年度大阪経済大学オープンカレッジをもとに構成したものです。日本の公的部門の再構築に関わる議論は、幅広く、また、複雑な状況を呈していることから、オープンカレッジでは、冒頭に学問的な議論の動向についてご紹介した上で、前期は「ゆたかな社会に向けて——ＮＰＯの挑戦」と題し、社会の期待に応え、全国的にも影響を与えるような革新性をもって取り組むＮＰＯの方々に、後期は「地域と共に——二一世紀の公共」と題し、分権を超えた地方自治の実現に向け取り組んでいる、市民、ＮＰＯ、自治体からの講義により、その経験の共有を試みるというスタイルで展開しました。現実の取り組みに関する講義では、中間支援組織の取り組みに始まり、阪神・淡路大震災直後から一〇年以上活動を継続されたことでみえる市民と行政双方の意識の変化や課題、医療、人権、格差などの課題に取り組む市民レベルの国際協力や連帯の現状、政策シンクタンクの活躍、ＮＰＯでのインターン経験の効果、自治を取り巻く状況の変化、指定管理の現場、市民によるオンブズマン活動、そして、障がい、高齢者分野の社会福祉にコミュニティの再構築への挑戦といった最前線の経験を紹介いただきました（前後期通じた講義一覧は巻末に掲載しています）。

どの講義も各分野の最先端であり、臨場感と含意に満ちたもので、すべての講義を掲載できないのが非常に残念なのですが、日本の公的部門の再構築とＮＰＯの役割という大きなテーマをできるだけ平易に理解するため、序章においてこのテーマの背景にある事柄を紹介した上で、既存の公的部門である行政との接点をもち、なおかつ、市民・ＮＰＯの機能が最も顕著にあらわれているオンブズマン活動と、障がい者・高齢者分野の活動、そしてコミュニティの再生に限定し、講義編に掲載することにしました。詳しくは本編で述べますが、オンブズマン活動は、すでにおこったことの修正に限らず、市民生活に最も近い公的部門である行政の将来の行動様式にも影響を与えることを、障がい者・高齢者分野の取り組みは、介護保険、支援費制度の開始という国の制度の大きな転換期を迎える同分野に、制度転換の以前より当事者はどう取り組んできたのか、目の前にあるニーズへの対応が国の政策の牽引役をはたすまでになることもあることを、コミュニティ再生については、どのような発想と手法が有効なのかについて、各々明らかにしてくれる内容です。また、活動主体は、任意団体、社会福祉法人、社会福祉法人とＮＰＯ法人の同時運営、ＮＰＯ法人のみ、の四種としていますので、法人やそれに連動する税制、補助金などの制度が民間活動に与える影響についても講義編から推察していただけることと思います。講義編の講義録の後には、事例を理解する上で必要となる分野別の制度や背景となる情報を補足していますので、読者の皆様の理解に役立てていただければ幸いです。

政府と民間が互いに何にどこまでどのような方法で取り組むのかという公的部門のあり方の問題は、近代国家成立以来の変わらぬ大きなテーマです。他に例をみない急速な少子高齢化に、社会構造の変化さえ予想される日本にとっては特に差し迫った課題であり、前例のない課題克服への取り組みでもあります。公的部門の再構築というと私たちの日常からかけ離れたところにあるように思いがちですが、各国の状況をみても、このテーマにおいて市民やＮＰＯの動向を考慮に入れずには議論が成り立たない段階にきていることからも、課題の克服には政府だけでなく、納税者であり有権者でもある国民一人ひとりが十分な情報を得て、自分なりの考えをもつこと、そして様々な考えを交流させることが大変重要です。オープンカレッジでは前後期通じ二一回の講義を開催しましたが、各回の講師による最前線のご報告に基づき、受講者の皆様と相互の立場を理解し、尊重し合った上で、異なる考えを交わす機会となったことが何よりも有意義なことでした。新味を求め新たな制度を個別に構築してきた日本の公的部門も、各々が現実に対し懸命に取り組み、いずれの段階かで不易に至ることを意識する必要があります。ＮＰＯというテーマは、今まさに一定の経験値をもって、不易の域に到達することが求められているテーマだといえます。本書はいわゆる〝Ｈｏｗ　ｔｏ〟をお伝えするものではありませんが、流行を不易へと昇華することを大学の重要な役割と考え、オープンカレッジにおいてそのことを試みた知的交流の記録です。

最後になりますが、オープンカレッジの開催にあたり講義を快くお引き受けいただいた全講師の皆様、また、本書の出版にあたり、講義録掲載に快く同意くださった講師の皆様、そして大学の役割を全うすべく地域や市民への機会の提供に真摯に取り組んでくださった本学の関係者の皆様に心から感謝申し上げます。特に、経済学部長斉藤栄司教授、直接のご担当であった櫻井幸男教授、山本恒人教授、宋仁守助教授、地域政策学科責任者藤本髙志助教授には常に快く円滑な講義運営のための助言をいただきました。また、教務の河本達毅氏と下田直美氏には広報から当日の実施まで尽力いただきました。出版のあらゆる段階において惜しむことなく助力くださった法律文化社の浜上知子氏にも感謝し、謝意とさせていただきます。

末村祐子

目次

序章

転換期にある日本——社会の新たな担い手たち

大阪経済大学客員教授・前尼崎市参与　末村祐子

◆世界的な潮流であるNPOの台頭

近代国家成立以来、先んじて整備されてきた政府と営利セクターに次いで、政府や市場の不足の補完や、その独自の機能に注目が集まり、NPOやNPOセクターへの期待が高まっています。

NPOとは民間非営利組織（Not for Profit Organization）の略で、営利組織のように出資者に利益を還元することなく、収益は次の事業に還元することを前提に、社会への貢献をより重視し事業を展開する組織のことをいいます。その活躍の幅は実に広く、福祉に始まり、ゴミやリサイクル、バイオマスをはじめとした資源、自然保護といった環境分野、子育て支援、文化、スポーツ振興、地域活性、人権、平和問題、災害救援など私たちの生活に関わるあらゆる分野に及びます。

一九九〇年には、アメリカのジョンホプキンス大学のレスター・M・サラモンの呼びかけで各国実務家、研究者の参加を得て、非営利セクターに関する第一次国際比較調査が開始され、同調査によって、NPOへの関心や期待の高まりは世界的潮流であることが明らかになりました。また、調査結果の分析を通じサラモンは、非営利セクターの台頭は世界的な潮流であり、「グローバルな連帯革命」ともいうべきこの潮流が世界に与えるインパクトは、一九世紀後半における国民国家の台頭にも匹敵するほどなのではないかと指摘しています。その上で、有史以来、NPOが存在する普遍的な理由を以下の五つに整理しました。

①国家成立以前より人々は多様な形で問題解決に処しており、国家成立以後も存続するという意味で、歴史的理由から存在するのだということ
②市場の失敗を補うため
③政府の失敗を補うため
④多元的価値観・自由の確保のため
⑤人々の立場が対等である民主主義体制下においても状況に応じて必要となる連帯を実現するため

そして、NPOの存在理由のうち、現在、私たちが暮らす二〇世紀、二一世紀に特化した理由

図表1　JHCNP 調査による NPO セクター台頭とその背景

ジョンホプキンス大学国際比較プロジェクトより

●NPO が存在する5つの所以
- 歴史的理由
- 市場の失敗
- 政府の失敗
- 多元的価値観・自由の確保
- 連帯（普遍的存在理由）

●NPO 台頭を促す3つの圧力
- 状況対応型の草の根的な下からの圧力
- 公的・民間の機関を通じた外部からの圧力
- 政府政策という形での圧力

●NPO のめざましい台頭の要因
（20世紀後半の歴史にみる台頭の理由）

4つの危機
- 近代福祉国家の危機
- 開発をめぐる危機
- 環境汚染の危機
- 社会主義の危機

2つの革命
- コミュニケーション革命
- 世界経済の大幅な成長とブルジョワ革命

注：ここでの「NPO」は第三勢力全体を指す用語として使用。
出所：「ジョンホプキンス大学国際比較研究」（1990年）より著者作成。

を

①近代福祉国家の危機
②開発途上国における貧困化の悪化という開発をめぐる危機
③地球規模の環境汚染の危機
④東西冷戦の終結にみられる社会主義の危機
⑤ＩＴによるコミュニケーション革命
⑥世界経済の大幅な成長とブルジョア革命

と整理しています。また、ＮＰＯは

①状況対応型の草の根的な下からの圧力
②公的・民間の機関を通じた外部からの圧力
③政府政策という形での圧力

によってその台頭が促されるとも分析されています（図表1参照）。

◆日本のＮＰＯのあゆみ

ＮＰＯの台頭やＮＰＯへの関心の高まりが世界的潮流であることは、すでに述べましたが、それは日本でも同様です。内閣府の調査では、高齢者の四七・三％が、そのうち六〇歳から六四歳に限ると実に六割近くがＮＰＯ活動に関心を寄せているという結果もあるほどです。

日本のＮＰＯは阪神淡路大震災とＮＰＯ法が制定・施行された一九九〇年に大きな節目を迎えますが、その萌芽は一九七〇年代にみることができます。一九七五年のベトナム戦争終結により、東側政府の圧政を危惧した人々が難民として周辺諸国に逃れましたが、この現象は、ベトナム本国だけに限らず、周辺諸国まで巻き込んで大規模化し、東南アジア難民の大量発生という事態に陥りました。この惨状に対し、すでに、戦後の高度経済成長期を経て安定成長期にさしかかりつつあった日本では、同じアジアの市民としての共感とともに、市民による難民支援活動が展開されるようになりました。その支援内容は、各地に設置された難民キャンプに直接赴くものや、日本国内で実状を勉強し、現地に寄附や支援物資を贈るといったもので、こうした活動をきっかけに、日本の草分け的ＮＰＯが設立されるようになります[1]。また、当時、これら国際協力に携る団体は、政府が取り組む活動に対し、政府とは異なる発想や方法論で課題解決に取り組むことを重視し、自らのことを、ＮＰＯではなくＮＧＯ（Non-Governmental-Organization）と称し、その特徴を表現していました。

時を同じくして、日本国内の状況も少しずつ変化の時期を迎えます。戦後日本の社会福祉は、一九四六年から一九五一年の間に制定された生活保護法[2]、子どもの保護を目的とした児童福祉法、障害者福祉法と社会福祉事業法を柱に、進められてきました。しかし、これらは、戦争による国民の窮状に対する緊急援護対策を背景とした公的扶助に端を発していたことから、一九七〇年代に入ると、国民ニーズとのギャップが明らかになり、変化した課題に取り組むために社会福祉分野でもＮＰＯが活躍し始めます[3]。本稿の『ケア・センターやわらぎ』も一九七〇年代に活動の端を発する団体です。

このように、七〇年代頃から日本のＮＰＯも地道に活動を積み重ねていきます。一九九〇年台に入ると、国連は世界規模で取り組むべき課題の解決のために人口、環境、人権、ジェンダー、子ども、社会開発など様々なテーマで国連会議を開催しますが、一連の国連会議においてＮＰＯは政府間では解決できない部分で議論を深め、会議に貢献します。政府代表団を正式なメンバーとする国連会議においても、ＮＧＯフォーラムの開催が定着し、政府機能の補完のほか、ＮＰＯ間の情報交換が活発に行われ、同時に、国連会議での動きは日本のＮＰＯにも追い風となり、国内外のネットワークの広がりにつながりました。

そして一九九五年一月一七日、私たちは阪神淡路大震災を経験します。分刻みで悲惨さを増す被災地の映像は全国に放映され、その映像にいても立ってもいられない、という共感の渦が

図表2　日本における NPO のあゆみ

1970年代〜80年代

〈国際協力分野〉

1972　シャプラニール（東京）

1980　日本国際ボランティアセンター（JVC）（東京）

1980　曹洞宗国際ボランティア会（現シャンティ）

〈社会福祉分野〉

1965，67　ボランティア協会（大阪，兵庫）

1973　たんぽぽの会（奈良）

1973　やわらぎ（事例）

1982　神戸ライフケア協会（兵庫）

1990年代

1996　各種 NPO 中間支援組織設立

1998〜　各種特定非営利活動法人

1990年

ジョンホプキンス大学主催：非営利に関する世界規模の研究

1948「世界人権宣言」採択

1951「難民条約」・1967難民条約「難民の地位に関する議定書」採択

1975　ベトナム民族解放戦争終結を契機にインドシナ難民問題派生（インドシナ難民問題に現地で関わった市民による国内活動の開始）

1980年代　抜本的な高齢者福祉政策が存在しないことによる自助活動の展開

1990年代　国連会議における NGO の貢献

2000　介護保険法

出所：著者作成。

日本全国を覆い、多くの市民が全国から阪神に駆けつけたり、寄附や物資で被災者の役に立ちたいという気持ちを表現しました。

この時、全国から集まるボランティアや援助物資を受け入れ、主に緊急救援から復興支援にさしかかるまでの間、活躍したのが、七〇年代から経験を積み重ねてきたＮＰＯ[4]だったのです。震災の直後から、全国から多くの人々が被災地に赴くことを希望しましたが、行政自体ダメージを受けた状態で機能は停止、ボランティアや物資を受け入れるには限界があったからです。ＮＰＯは被災地に拠点を設け、ボランティア希望者や寄附や物資の受付窓口として問い合わせに対応し、刻々と変化する被災地のニーズに合うよう、そして支援したい人々の善意が生かされるよう需給の調整に取り組みました。震災では、直接プロジェクトを運営するタイプのＮＰＯのほかに、既存の行政施設などからの要請を含め需給調整を中心に行うＮＰＯもあり、その手法は後の自然災害で、社会福祉協議会などに受け継がれる例もみられています（図表２参照）。

私は、当時、国際協力ＮＧＯにプログラムオフィサーとして勤務していて、最初の数日は東京の事務所でボランティアからの問い合わせ受付の仕組みをつくり問い合わせに対応し、その後は被災地でプロジェクトの立案運営に携りましたが、東京での数日は二四時間電話が鳴り止まなかったことを今も心に残っています。被災地に赴いてからは、個々人の努力とは無関係に、行政など既存の仕組みが想像以上に機能しなくなっていることへの驚きとともに、各駅停車の列車を乗り継いで、遠方から毎週末被災地に赴いてくださる方や、つつましい生活のなかで少しずつ寄附を寄せてくださった方など、税金でもないのに誰かのために役立てて欲しいと善意を行動に移す方々が日本にこんなにいるのだということにも気づかされました。

被災地内外の市民や企業の相互扶助、社会貢献の気運が想像以上に醸成されていたこと、また、未曾有の自然災害の下には強固に整備してきたはずの行政機構もすぐには機能しないという事実、震災での経験は、民間による公益活動の基盤整備の必要性を社会に問いかけることになり、一九九八年のＮＰＯ法制定を促しました。

◆小泉政権における構造改革とＮＰＯ

ＮＰＯにとって大きな節目であった一九九〇年代はバブル崩壊後の処理が遅れ低迷を続けたことから「失われた一〇年」と呼ばれた時代です。政治も、一九九三年の細川内閣誕生により、五五年体制が崩壊、一九九〇年代だけで八名の首相が誕生、一〇回の組閣という混迷の時代でした。景気浮上の手法は従来型の公共事業の追加に集中しており、金融緩和のスピードが諸外国と比較して遅かったこと、不況の最大の原因となっていた不良債権処理に向けた本格的な対策が実施されなかったこと、財政政策が引き締めと景気刺激策の両極端を振れ動いたことがこの時期の景気対策の特徴です。この間に実施された九回に及ぶ景気対策は、うち七回が事業規模一〇〜一八兆円の大型事業となり、結果として財政収支状況の急速な悪化をもたらしました(5)。このような負の遺産を抱えた状態のまま二〇〇〇年に入り、少子高齢化を背景に社会福祉財政は深刻さを増すなど、構造的財政改革は政府にとっても緊急不可避の課題となりました（図表3参照）。

二〇〇一年四月に誕生し、歴代三位の長期政権となった小泉政権。その幕開けはアメリカ同時多発テロ事件にともなうテロ対策特別措置法の制定や国連平和維持活動協力法（ＰＫＯ法）

図表3　一般政府の循環的・構造的財政収支の変遷

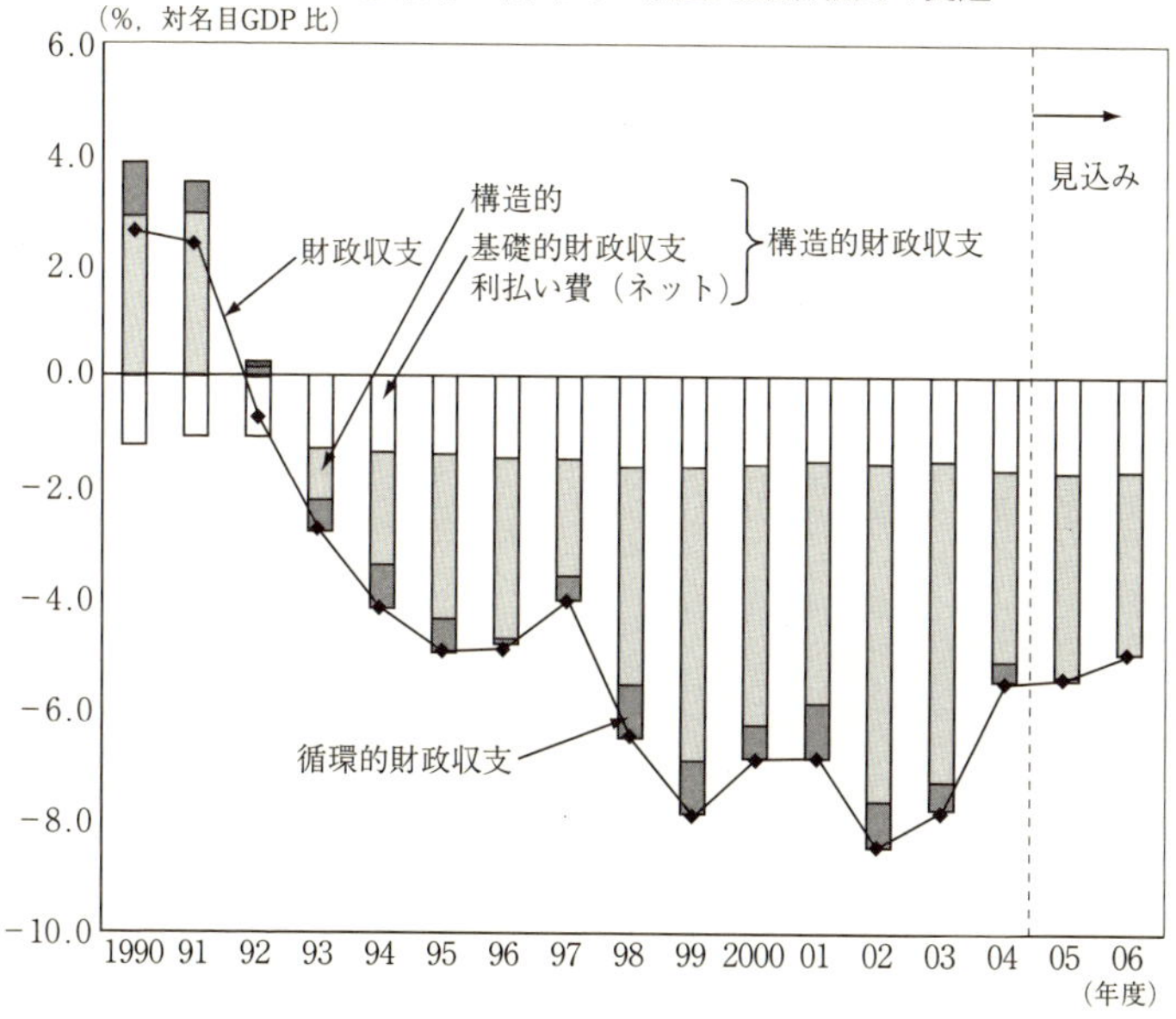

注：1．内閣府「国民経済計算」等により作成。2004年度までは実績，2005年度以降は推計値を用いた。なお，見込みについては，GDP ギャップはゼロと仮定した。
　2．98年度は，国鉄・林野一般会計承認債務分（約27兆円）を除く。
　3．2000年度，01年度の郵貯満期に伴う税収増は，それぞれ，約4.5兆円，約3.7兆円。
　4．2006年度は，財政融資資金特別会計から国債整理基金特別会計への繰入れ等を除く。
　5．財政収支＝循環的財政収支＋構造的財政収支
　　　　　　＝循環的財政収支＋構造的基礎的財政収支＋利払い費（ネット）
　　　　　　＝基礎的財政収支＋利払い費（ネット）

出所：「平成18年　経済財政白書」

改正、靖国問題など外交政策に始まりましたが、外交を除く小泉政権の最大の使命は景気刺激型から、構造改革型経済政策へ転換を図ることでした。「不良債権処理への着手」、「歳出削減の断行と小さく効率的な政府の実現」、「規制改革の加速」、「国による地方への過剰介入と地方の国への過度の依存の改善による地方分権の実現（三位一体改革）」を具体的取り組みの柱に、不良債権処理と経済低迷状況からの脱却、歳出削減については一定の成果を得るに至り、同時に小さな政府を実現するため、市場化テストを代表とする民営化や規制緩和も促進されます。これまでは直営か公共団体に限定されていた公の施設の管理の委託先が民間に開放されることとなった指定管理者制度[6]では、多くのＮＰＯも管理者として指定されました。次に紹介する公益法人改革を含め、構造改革はＮＰＯにも直接、間接に影響を及ぼすことから、その動向に留意することが重要です。

議論の発端は、一九九六年一月発足の橋本内閣における行革にまでさかのぼりますが、ＮＰＯ制度に直接的に影響を与えることになる公益法人改革も小泉内閣の下で一定の方針が出されています。今回の公益法人制度改革は、公益法人にまつわる補助金改革の議論に端を発していたことから、当初、検討範囲を中央省庁の周辺に属する公益法人とし、改革の対象は行政委託型公益法人に限定していました。しかし、検討の過程において、公益法人制度における公益の範囲、公益性の判断、設立許可、ガバナンスや規律のあり方、組織の透明性、税制といった問

図表4 公益法人改革の枠組みと内容

公益法人制度の抜本的改革

行政委託型公益法人等改革

改革の対象

検査・検定，資格制度に係る事務を行う421公益法人，第３者分配型補助金（丸投げ型），補助金依存型（丸抱え型），および役員報酬助成型の183公益法人の事務・事業，補助金

改革の内容

検査・検定	原則製品の安全性確保についてはメーカー自身の検査に委ねる 消費者保護の観点から必要性が生じる場合は，客観的第三者登録機関によるチェックへ	実施計画対象：195制度 実施：194制度
資格制度	いわゆる「お墨付き」はすべて廃止（11制度97法人）	
第三者分配型補助金	補助金等の廃止や，公益法人を経由させないこと等により，補助金等の半分以上を外部に「丸投げ」している状態を改める	実施計画対象：369件 実施：284件
補助金依存型	補助金等の廃止や，整理統合により年間収入の２／３以上を国に依存している丸抱え状態を改める	
役員報酬助成	原則すべて廃止	

公益法人制度改革

改革の対象 狭義の公益法人（民法34条財団および社団法人）
法人格と税の連動については，政府税調において検討

改革の内容 法人の種類は，一般社団・一般財団法人と公益社団・公益財団法人に分類
主務官庁制と許可主義の廃止（法人の設立と公益性の判断を分離）
法人の設立：登記のみの準則主義
公益性認定：民間有識者からなる合議制機関の意見に基づき内閣総理大臣または都道府県知事が認定

その他 施行にともない，中間法人制度を廃止

出所：「内閣府行革推進事務局資料」より著者作成。

題点が指摘されるにともない、制度の抜本的改革が必要であるとして、民法三四条規定の公益法人、すなわち狭義の公益法人も範囲に含め検討することとなりました（図表4参照）。そのため、先に検討が進められてきた中央省庁と関わりの深い公益法人への補助金・委託費の縮減、合理化については「行政委託型公益法人改革」、一八九六年民法制定時に定められた公益法人制度の枠組みについては「公益法人制度の抜本的改革」と銘打ち、民法三四条による公益法人制度を改め、一般社団、一般財団、公益社団、公益財団とし、一般社団・財団法人については、準則主義による法人格取得を可能とし、一般社団・財団法人の公益性の認定は内閣総理大臣または都道府県知事が行うという二階建ての制度を主な内容とし、二〇〇六年六月に公布、二〇〇八年度には施行の予定です。

今回の公益法人改革では、その過程において有識者会議などにＮＰＯの実務者、研究者も参画し、法人の設立と公益性の判断を分離したことなど、実務レベルにおける課題についても一定の改善は図られました。しかし、改革の対象を社会福祉法人や学校法人といった特別法による広義の公益法人を除外したものとなったこと、営利組織制度まで含むと法人全体として変わらず複雑な体系のままであること、税と法人格連動の問題については税制調査会に議論を委ねたままとなっていること、補助金改革と法人制度改革の連携をどう講じていくのかが不明であること、など抜本的改革というタイトルとは裏腹に多くの課題が残されています。

◇真の構造改革に向けて――新たなビジョンの必要性

小泉政権における「構造改革」は、「不良債権処理」と「民間開放と規制改革の加速」を中心に、直接主導権を発揮する体制で進められました。不良債権処理は金融機関への公的資金投入と産業再生機構の設立などによって、そして民間開放と規制改革は郵政や道路公団民営化、市場テストの開始を筆頭に一定の成果をあげ、公益法人改革など、以前の政権において始められた行政改革の取り組みもここにきて一定の方針を出すに至りました。

しかし、一連の「構造改革」の目標は、公的部門が自律的に歳出削減を実現し、民需主導型の景気回復とその持続を可能とするような構造に日本社会を転換することにあり、その点では当初の目標にまでは至れなかったという印象がぬぐえません。特に「歳出削減と小さく効率的な政府の実現」と「地方分権（三位一体改革）」の推進には、行政組織機構の改革とともに、現在の公益法人制度改革の不足について前述で指摘したように、営利、非営利を包含する法人制度と税制をどう組み合わせていくのか、どのような体制でその実施を担保するのか、など、中央省庁再編を超える日本社会全体の組織・機構改革のビジョンを必要とする時期にきています。

イギリスはブレア政権になって「第三の道」路線をあゆみ、政府、営利に次ぐ第三のセクターをボランタリー・コミュニティセクターと称しました。政府とボランタリー・コミュニティセクター間の覚書において民主的ですべての人々を包み込む社会の発展にはボランタリー・コミュニティセクターが不可欠であるという哲学を基礎とした上で、双方が性質は異なるものの相互補完的な役割を果たしていることと、双方の責任についてを明記し、「政府とボランタリー・コミュニティセクターの関係を向上するための覚書」（以後コンパクト）を交わしています。またコンパクトでは、ボランティア・コミュニティ団体の活動範囲や性質は、政府の法制度や規制によってプラスにもマイナスにも影響を受けるものとし、この二つのセクターの協同におけるアプローチの一貫性、複数機関にまたがる問題への取り組みについては特に一貫性への配慮を促し、開かれた政府であることを政府の責任として明記しています。それだけにとどまらずこのコンパクトは定期的に見直され、進化するものとまで規定しています。

もう一つ、社会福祉政策で手本とされることの多い北欧諸国（特にスウェーデン）の場合は、一部市場化の試みもされているものの、同一労働同一賃金を原則に、社会福祉サービスの提供は税を主な財源とし、環境保護などの分野ではＮＰＯや社会的企業の成長を期待し、促すといった政策を展開しています。日本の現状は、例えば指定管理制度ひとつとってみても、管理者として指定されたＮＰＯから、他の課ではＮＰＯ支援の政策が展開されていながら、行政はコスト削減ばかりに注意を払い、対象が営利組織であろうと非営利組織であろうと関係なく位置づけているのではないか、といった声も聞かれるように、統一したアプローチには程遠い状況です。

イギリスのコンパクトもスウェーデンの体制も、政府による具体的かつ明確なビジョンが示されていることの一例です。イギリスではコンパクトが存在することで、横断的な政策においてもボランタリー・コミュニティセクター醸成の視点を盛り込み、整合性を保った政策の推進が可能になり、スウェーデンで同一労働同一賃金を実現する範囲を明確に示すことで、ボランタリーな活動の経済的価値の推定も容易にします。負の遺産の解消は困難な作業ですが、政府・行政は自らの財政状況の悪化を食い止めるだけで精一杯で、他の政策に整合性を欠いてもよいというものではありません。日本政府にもより具体的なビジョンの提示のもとに、整合性あるNPO政策に取り組むことを切に希望します。

(1) 東南アジア難民への救援ではありませんが、日本でほぼ最初の設立となった市民による国際協力団体として、一九七二年に、バングラディシュヘルプコミティー（現シャプラニール＝市民による海外協力の会）が設立、一九八〇年に日本国際ボランティアセンター（JVC）と曹洞宗国際ボランティア会（現(社団)シャンティ国際ボランティア会）が設立されました。
(2) 新憲法制定前であったことから新生活保護法は一九五〇年に施行。
(3) 一九七三年に(財)たんぽぽの会（地域福祉）結成、一九七三年ケアセンターやわらぎが活動開始（後一九七八年に正式な組織立ち上げ）、一九八二年に神戸ライフケア協会設立。一九九一年（社福）プロップ・ステーションが発足。
(4) CS神戸もそんなNPOの一つ。
(5) 大田弘子『経済財政諮問会議の戦い』東洋経済、二〇〇六。

(6) 二〇〇三年九月の地方自治法の改正(二四四条―二)により、これまで直営または公共団体のみに限定されていた公の施設管理に、民間業者を指定することが可能となりました。指定管理制度下に移行する施設の決定は二〇〇六年九月一日が期限でした。

講義編

1 市民の目覚め——自律する市民・行動する市民　松浦米子
2 チャレンジドを納税者にできる日本へ　竹中ナミ
3 情熱とマネジメントの融合——ニーズから政策へ　石川治江
4 自立・自律と共生のコミュニティをめざして　中村順子
▼講義解説および年表・団体概要（カルテ）　末村祐子

大阪経済大学オープンカレッジ
二〇〇五年四月～一二月

●講義編の編集にあたって

序章で紹介したように、NPOには政府や営利といった既存セクターの機能の補完といった役割があります。ただ、この補完というのは、指示されたから従う、補う、といった付随的な発想からくるのではなく、セクターに何が足りないのかを自ら認識し、人間が心地よく暮らすにはどうすればよいのか、を原点に、既存の資源を再構築し、掘り起こし、活かすという能動的な機能です。

草の根と行政両方の現場を経験すると、NPOというのはNPO自身が認識している以上に、能動性・独自性の強いものだということを痛感します。

もちろん、ここでいうNPOとは、NPOという制度を私利私欲のために使おう、などという利己的な発想で取り組むものではなく、まずは立法時の精神にのっとり、その上で優れた組織運営と事業に取り組むものを想定しています。私はNPOの特筆すべき能力を①既存の政府政策や社会資源を利用者側からみて再構築する能力②規模の大小にかかわらず、新たな政策課題やビジネス機会を発見する能力（①②は社会全体の自浄能力の向上や革新〔イノベーション〕に貢献するもの）としてご紹介したいと思います。

二〇〇五年度のオープンカレッジでは、こうした能力をもつNPOのリーダーの方々に講義をお願いしました。講義編はその講義録を中心に構成されています。

日本の公的部門は構造改革の途上にあり、NPOを取り巻く制度も変化の過程にあります。国民の関心の高まり、人口動態の変化、財政問題などの状況を考えるとあまり悠長に構えず、適切な新制度の実現を政治には期待したいところですが、過去のこの事例を真似ればよい、というものではなく、新たな仕組みの創造ともいえる取り組みですので、困難な作業です。政府に委ねるだけではなく、二一世紀の公的部門がどのような形であればよいのか、有権者としても、納税者としても自らの考えをもった上で活動に取り組みたいものです。本章が、読者の皆様の考えを深める上で役立てば嬉しく思います。

なお、講義編は、当日の講義録に基づき編者が編集したものを各講師に確認いただいたものと、編者による講義解説、年表、団体概要により構成しています。

CASE 1

市民の目覚め——自律する市民・行動する市民

市民グループ見張り番代表世話人　松浦米子

◇『市民グループ見張り番』の誕生

『市民グループ見張り番（以下見張り番）』は一九九〇年一月二七日に結成され、今年で一六年目になる団体です。大阪市による職員へのスーツ支給に象徴される厚遇問題などを柱に二月一九日に一五周年の記念集会を開催したところですが、収容人員以上、三〇〇人の方々の参加を得て、行政の税金の使い方に対する市民の憤りがいよいよ頂点にきていることを実感したところです。

『見張り番』発足のきっかけは、一九八九年一一月の大阪市の食糧費乱脈支出事件の発覚でした。大阪市の食糧費、予算二億八千万円に対し決算では二倍を超える七億円の支出。一部の幹部職員や議員が高級クラブなどで連日、宴会政治を展開していたという内容の事件です。公金の支出を実務的に担当していた財政局財務課長代理が大阪府警の取調べを受け、住之江区の港大橋という大きな橋の真ん中から六〇メートル下の海へ自殺をしようと飛び込んだところから問題が明るみに出て、次の日から蜂の巣をつついたようになりました。大阪市は今も厚遇問題で各紙を賑わせていますが、それ以上の状況であったことを記憶しています。この事件に憤りを感じた市民約二〇〇人が『市役所見張り番』を発足させました。これが『見張り番』発足の背景です。

実は、『見張り番』の結成当時、大阪にはすでに『市民オンブズマン』という団体がありました。『市民オンブズマン』は一九八〇年、日本にまだ市民オンブズマン団体がまったくなかった頃に最初に結成された団体で、弁護士や公認会計士、税理士といった有資格者が中心となって活動していました。ちょうど、情報公開条例が整備される時期で、それと相まって、大阪府の不正、例えば知事交際費や水道局のカラ出張などの問題を追及し大きな成果をもたらしました。オンブズマン制度はスウェーデンのように制度として整備されている国もありますが、日本にはありません。そこで、行政がやらないのであれば市民としてやる、ということで有資格者の方々が中心となって『市民オンブズマン』と、名称に「市民」という文字がつけられたわけです。様々に成果をあげてきた『市民オンブズマン』ですが、一〇年近い活動を展開されるなかで、専門家としての取り組みは確実である一方で、市民が実感として「自分たちの税金がどのように使われているのか」、「不正をどのように正すか」を考える力を身につけていかなければ行政のムダづかいは本当の意味で改善されない、と考えて市民に呼びかけました。当時、私は教育問題をはじめ色々と市民活動に取り組んでいたことから、一九八九年一二月二七日にお声がかかったのです。その頃は私も主婦をしていましたから、おせちなど作っていたところでした。「これはなんとかやらなきゃいけない」ということで、一〇人程の友だちと、明けて一月九日に、何にもわからないなかで第一回の住民監査請求をやりました。実は当時の私たちは住民監査請求なんてものは専門家に書いてもらって、私たち市民は署名してハンコを押せば、何とかそれに参加することができるのだろう、ぐらいに考えていました。ですが、この大きな問題に対してこのまま市民として何もしないでいたら、将来子どもに「お母さん、何してたの？」と尋ねられた時に「お母さんね、多少サインはしたよ」という程度では、何か申し訳がたたないとだんだん思うようになってきたのです。そして、一月二七日に、改めて市民の方々に呼びかけて、市民の方々が弁護士会に集まってできたのが『市役所見張り番』でした。後に「市役所」だけでなく大阪府の問題が起こったことなどから「市役所」を取り、『見張り番』になりました。ですから『見張り番』はオンブズマンの運動の市民版ということになります。

◆住民監査請求権、情報公開請求権の行使を市民の力に

お話ししたように『見張り番』はいわゆる市民によるオンブズマン活動として発足しましたので、専門家の団体とは異なり、当初は謙虚に、つつましく、専門家の補足を含め、市民にできることをささやかながら続けることになるだろう、という気持ちでおりました。「市民」という立場を大切に、行政から依頼されたり、仕組みの中に収まったりする機関ではなく、自由闊達に市民の総意でやれる活動をやっていきたいと……。ですが、この大阪市公費不正支出事件の際に、私たちに呼びかけた辻公雄弁護士の「住民監査請求制度というものを市民運動に使っていこう」という言葉を聞き、本当に心を動かされました。市民の取り組み方のアイデアをいただいたとでもいうのでしょうか。住民監査請求制度というのは住民が行政の財務会計上のことでおかしい（違法不当な支出）、と思うことがあれば監査委員に監査を求めて改善につなげていくことができる地方自治法（第二四二条）に定められた制度です。これは一人ひとりの住民、市民、納税者、有権者といわれる方々がすべて（極端にいうと、赤ちゃんまで）使うことができる、住民の権利です。そういう制度、一人ひとりに与えられているものを、おかしいと思った人たち何人かで遠慮なく自分の意思として一緒に使う、というのが私の性に非常に合っていたのですね。デモ行進も権利のひとつですが、みんなで集まって、なにかをアピールするだけではなく一人ひとりが自分の意思で取り組むというのが面白いな、と思いました。いちい

ち「何人集めましょう」といったり、動員かけたり、「何人いないといけない」というのは、たいへん煩わしくて、私の性に合っていないのです。「やりましょう」という人が集まって、一緒にできるのが一番気兼ねもなく楽だったので、いつも二〇人程度で請求を行ってきました。もちろん「ここが肝心」という時には、人数も集めます。二〇〇四年、大阪市第三セクター破綻問題の際は一八〇〇人程で請求を行いました。行政の大きな問題に対する監査請求の時には「本当に市民が怒ってるんだぞ」という力をみせることも重要です。その時は一人でも多くの方々に伝えなければと必死で声をかけて一八〇〇人を集めたのです。

そのうちに住民監査請求を使ってやることがだんだん面白くなってきました。住民監査請求は監査委員に対して監査を求めるわけですが、最初の頃は弁護士に請求書を書いてもらって提出していました。当時の監査委員はろくに調べもせず議員や職員の言うことを鵜呑みにして、片っ端から却下してきたものです。しばらくすると今度は「よく調べましたが違法ではありません」という答えが返ってくる。ですから、どうしても住民訴訟に移行して追及しなければ埒があかなくなり、住民訴訟を次々に起こすことになりました。一律に一ケ月五時間分をコンピュータに入力しておいて、残業のあるなしにかかわらず、五時間分の残業手当を給料に上乗せして支給するという空残業問題。明らかに給与条例違反です。これも訴訟に移行し八年かかって地裁で勝訴、大阪市が控訴して高裁で一億円で和解しました。市長が「和解条項を守りましょう、二度と不正を起しません」と言ったにもかかわらず、二〇〇四年一一月に毎日放送が阿倍野区役所の実態をスクープしたように、九月の一ケ月間誰も残業せず、おまけに向かいのビルで宴会をしていた日でさえ残業が二時間分ついていたということが明らかになりました。つまり、市長が約束しても守れない、という行政の仕組みや構造、意識の問題がそこにあるわけです。ですから納税者、有権者である市民は一度やったからもう終わり、ではなくて、常にここおかしいぞ、と思うことがあれば問いかけ続けることが大事なのだと私は思います。

情報公開請求で提供された情報を紐解いてみると、ずさんだったり、どう考えても無謀と思われるようなものがあります。行政や専門家がやっているのだから間違いはないだろう、と誰もが思うでしょう。本来はそうなることが理想ですが、現時点では市民のチェックの視点は不可欠なのではないかと思います。WTCという大きなビルを、不便な場所に少ない資本でつくっていますが、総事業費は資本の三倍も四倍もということであれば、誰もが、「そんなもの黒字になるはずがないよ」、「よほど、高額の家賃でもって入居率を上げてやらないと、貸ビル業は成り立っていかないよ」ということは、すぐわかると思います。ところが、専門家であるはずの大阪市のOBや現役たちが大変無謀な計画をたて、議会もそれを承認し、エンドレスな赤字を抱えていくという実態が現実に存在しているわけです。移動にコストがかかる不便な場所ですから、結局民間企業は出てしまうので、大阪市の局が高い家賃で入りなんとかその空室を埋めているという状況です。職員も市内であれば交通費もかからなかったのに余分な交通費が必要になる。これにまた税金が一億円程です。そのようなムダづかいをやってるわけなんです。この第三セクターの件は、資料を請求して、十何年分エクセルに打ち込んで素人ながらに計算してみました。この件は今も裁判中です。市の部局や関連団体がいかに高い賃料で入居しているかの計算はエクセルでもまだ不安で、もう一度電卓で検算したという笑い話になりましたが、ひとつの執念かと思ってます。

私たちが自分たちの生活を見回しながら、行政の仕組みにまでに関心をもっていくというダイナミズム、ここが本当に面白いんです。面白くなければ、誰もこんなこと長い間やっていませんよね。何にもわからなくても、素人が「これがおかしい」と思う気持ちが大事なんです。「ちょっと、おかしいぞ」、「本当にこの値段かなあ」、そういうところから入り口になって調べ始める。まさに日常生活の知恵が市政参加につながっていくという面白さがあります。私はいまさら専門家になろうと思いませんし、勉強もしたくありませんが、そういうことへの関心は尽きることがありません。そんなふうに面白いことがたくさんつまっているのが行政監視活動だと思います。うちの孫は私がルーペで小さい字を見てるものですから、「バアちゃん、また名探偵コナン君やってんの?」などと言いますけど、確かに未知の発見みたいなものがあるんですね。

最近はマニフェストが流行っています。マニフェストに書かれていることのすべてはよくわからないけれど、大阪市にはこうであって欲しいということは多くの人がもっているのではないでしょうか。周りが汚くなったら「きれいにしたいなあ」とか、うるさくなったら「何とかしたいなあ」とか。「大阪市のお金はどういうふうにつかわれているんだろう」、「区役所の予算はいくらくらいなんだろう」、「区役所と住民の関係はどうなんだろう」、そう思い始めると、自分たちの町会役員が配っている市のお知らせを見ても「いくらなんだろう」、「どこに出ているんだろう」、「それは適正かな」と興味がわいてくるわけです。私たちの家々に回る「ネズミ退治をしましょう」という回覧板やポスターなどの配り物は、行政が各町会長さんのところへ配って、町会長さんが班長さんにお願いして配りますね。大阪市の特徴としては、地域振興町会なるものが、戦前からある隣組、日赤奉仕団と表裏一体となって地域を網羅していることがあげられます。区単位で「ネズミを捕りましょう」という資料を配るだけで三七万五千円（住之江区）の補助金が出ているんです。同様に「予防接種に行きましょう」という回覧板のために三七万五千円が出ています。こうしたものが約一八種類ぐらいあります。これは大阪市内各区で行われているのですが、『二四区の会』（大阪市問題に取り組む団体）でも、「この件の決算報告書なんて見たことないよな」などと言いながら会員同士でだんだんにわかってくる面白さを実感しているところです。

このように私たちは「国民の知る権利」に基づく情報公開制度、「税金のつかわれ方を監視する」住民監査制度を道具として活用しながら取り組んでいます。現在、分割民営化や地方への権限委譲など三位一体の行財政改革が急速に進められていますが、これが「市民の知る権利」を狭め、住民の監査請求権を阻害するものにならないよう注視したいと思います。行政から民間の指定管理者に管理責任が移ったからといってその情報が情報公開から除外されてはならないと思います。

◆継続は力——様々な事例から

ここで住民監査請求というものがどんなものか、最近『見張り番』が取り組んだ件（図表1参照）をご紹介しておきたいと思います。基本的に大阪市が対象となっています。

一番上は破綻第三セクター（以下三セク）です。住民監査請求が却下されましたので、現在は住民訴訟に移行し、裁判中です。三セクに対する賃料や補助金というものを「六九九億円返しなさい」というのが請求内容ですが、計画を市民に明らかにせず事実上破綻した三セクへ、隠れ補助として公金を投入していた事実が裁判のなかで明らかになってきています。

次は水道局業務手当の件。公務員のいかなる給与・手当も、給与条例主義で条例に基づいて支払われねばなりませんが、水道局では業務をやらない人にも一律に支払われる水道局業務手

図表１　見張り番が取り組んだ市公金問題の住民監査請求（抜粋）

（06.09.15現在）

	請求日	監査請求内容	監査結果	措置	備考（住民訴訟）
破綻三セク問題	04.01.23	699億円返還請求，104億円追加出資の差止と高額賃料の返還請求	04.03.23却下		04.04.19 住民訴訟へ WTC 30億，ATC約51億返還請求
水道局業務手当	04.11.18	全職員2200人に一律月額平均１万４千円支給返還請求（30,806,000円）	05.01.17 棄却 損害認定困難	付帯意見 早急に廃止すべきである	提起せず
カラ超勤手当	04.11.24	阿倍野区，福島区役所 H 14，H 15	05.01.21 勧告	44,748,445円返還 （122,789,000円）	04.12.10 地検へ告発
団体生命保険	05.02.16	掛金公費支出 100億円返還請求	05.04.14 棄却	違法でない	解約 ５億円返還
スーツ	05.02.21	10年分35億円返還請求	05.04.14 勧告	376,393,679円（16年度）返還	05.07.11 495,346,000円有志で返還
特別昇給	05.03.18	３カ年で43億円違法支給の返還	05.05.16 棄却	損害なし 規則制定	住民訴訟へ 05.06.14
ヤミ年金・ ヤミ退職金	05.03.18	互助連がOBへの退職金，年金給付304億円市教委10億8000万円	05.05.16 勧告	137億７千万円を返還せよ 過去５年分141億円返還 互助連廃止	05.06.14 住民訴訟へ 189億円返還請求
互助連職員人件費等	05.04.13	互助連職員の人件費等３年分で９億円以上の返還請求	05.06.10 棄却	主張に理由がない	互助連廃止
互助連図書券	05.04.25	互助連設立時と５周年記念で全員に図書券配布 ６億円	５年以上経過しているので却下		互助連廃止
国税局指摘３事業	05.04.25	奨学貸与金，結婚貸与金，リフレッシュ活動支援事業	05.06.21 一部勧告	結婚貸与金16,259,000円返還せよ	制度廃止 19,761,000円返還
ヤミ専従給与返還請求	05.05.06	ヤミ専従を認めた８人の各相当期間の給与返還請求（380万円）	05.07.05 一部勧告	05/01～05/04までの1259 Hについて返還	過去３年分の調査 154,509,000円返還 自主返還
交通局労組幹部旅費支給	05.05.19	労組幹部10数人と職員で100万円の観光旅行。	05.07.12 棄却	業務視察廃止	目的，人数，期間を精査せよ
教職員２厚生会事業費残額，リゾート施設預託金返還請求	05.06.07	＊２厚生会の残高２億円，預託金１億7000万円を市に返還せよ	返還で怠る事実解消。監査終了で請求打切り	05.07.22返還 283,496,556円返還 １億9500万円解約	返還決定 283,496,000円返還
交通局労組食事代公費支出	05.07.21	交通局が役員を含む8200人に食事代年間12200円支給。過去５年分５億円以上の返還請求	05.09.16 棄却 返還を求める理由がない	食券，現金支給制度の見直し	交通事業を営む他都市でも食堂に対する助成が福利厚生事業として行われている
中央卸売市場解体工事	05.08.18	虚偽工事文書により搬出していない工事ガラの搬出料3500万円の返還請求	05.10.17 勧告	5379万円を返還せよ。 05.11.02収納	次々虚偽が発覚請求額補正予定

		→1億8千万円			
市労連と構成労組にヤミ退職金・年金の返還請求	05.09.29	市の損害額全額の返還を求める。調査委員会が共同不法行為を指摘	却下 既出の請求に包含される		住民訴訟提訴
市道路予定地に駐車無料使用	05.11.09	福島区野田6丁目市有地にマンション建設工事用車の駐車料請求	棄却 06.01.06 損害がない	手続不備の注意	
ソフト産業プラザ業務委託	05.12.14	ATC内の都市型産業振興センターのソフト産業振興プラザ設置特命随意	却下 05.12.22 期間徒過		
芦原病院貸付金返還請求	05.12.14	浪速生協「芦原病院」へ大阪市が貸し付けた130億円の返還請求	06.02.10 棄却 損害を認めることが困難	付帯意見 市民への説明責任を果たせ	住民訴訟提訴 06.03.09
中央卸売市場虚偽文書による産業処理費返還	06.01.25	解体工事マニフェスト虚偽記載による処分費約4300万円返還請求	06.02.10 却下 重複請求		
中央卸売市場虚偽文書虚偽マニフェスト産廃処理など	06.03.22	産廃処理委託業者がマニフェスト虚偽を証言，管理JVの責任も求める	06.04.12 却下 同一監査請求 期間徒過	管理JVの責任は新たな請求と認めた	住民訴訟提訴 06.05.09
芦原病院架空備品購入補助金返還請求	06.04.25	芦原病院の医療機器架空購入で補助金最低3年分1億9800万円返還請求	06.06.22 棄却 市に損害なし	付帯意見 整備備品購入額は補助金以上	
西中島駐車場違法契約駐車料金返還請求	06.05.17	開発公社直営の同和対策事業駐車場の委託契約に関する市の損害回復	06.06.05 棄却 請求の対象外	土地開発公社の例も認めていない	
大阪市霊園「名誉霊域」使用料管理料徴収	06.06.30	一般は1霊地（2 m^2）使用料80万円，管理料20年分300万徴収，名誉霊域240 m^2 を放置	06.07.21 却下	市長裁量。財産の管理を怠る事実に相当しない	
社会福祉法人のカラ人件費返還請求	06.07.14	浪速区「スワンなにわ」に市職員を事務局長として常駐。保育所にカラ「当直」中学校にカラ「清掃」職員給与支給	06.09.12 返還勧告	2357万円を2ケ月以内に返還せよ 学校清掃は自主返還1800万円	ヤミ専従職員，カラ宿直職員清掃職員の給与返還を
地下鉄8号線11駅の仕上げ工事，談合・高額契約	06.07.28	8号線11駅の仕上げ工事落札率97％以上，ホーロー仕上げ単価1.7倍	06.08.18 却下	落札率は主観的範囲。ホーロー単価は無関係	
福島区土地高値購入	06.08.04	平成6年に阪神住建から11億6000万円で購入。地上物件の移転立退保障に約3億円	06.08.23 却下	期間徒過	05.10．最高裁判決，11月情報公開指針，問題公表市議会は5月末
大阪駅前ビル振興会補助金不正受給	06.08.18	駅前ビル「一商店街一国運動」への架空領収書による補助金返還請求		06.08.29 意見陳述 08.26 陳述	
市有地上物件の解体工事費違法契約	06.09.12	同和関連福祉法人の施設設置補助金で解体工事費支出，返還請求			

返還総額：295億9685万4000円　＊未返還約342億円（189億円含む）

出所：見張り番資料

当というものが存在することが発覚し、住民監査請求を行いました。監査委員は返却勧告までは言いませんでしたが、制度の即時中止を求めましたので、住民訴訟にはなってません。ですが、この水道局業務手当の存在が明らかになったことは、大阪市の職員厚遇問題へとつながることになりました。

次がカラ超勤手当、毎日放送の調査で明らかになった件です。『見張り番』は、阿倍野区と福島区役所に対して超過勤務命令簿で確認した上で、虚偽の残業申告分を住民監査請求しました。これはさすがに、テレビカメラの映像が有無を言わせない証拠となりましたので、四四七四万円を大阪市に返還させるに至りました。

次からが一連の厚遇問題です。まず、団体生命保険の件。市では全職員を団体生命共済に加入させ、一人当たり年間一万二〇〇〇円の掛け金を全額公費で負担していました。公務員とはいえ職員個々人の生命保険の掛け金をなぜ公金で負担してあげる必要があるのでしょうか。監査請求の結果、監査委員は違法ではないと棄却しましたが、生命共済自体を解約するに至り、解約金五億円が市に返還されました。

次は職員へのスーツ支給の件。大阪市総務局厚生課が福利厚生の目的で制服として職員に支給していたものです。ところが、税務署が動き、スーツは所得になるということで個々の職員に追徴課税を申し渡しました。それで、違法ということがはっきりして、住民監査請求の結果三億七六〇〇万円が返還されています。職員も不要だと思っているのに支給される仕組み、ここには労働組合の既得権の問題が存在していたことがわかりました。

次は特別昇給。これも条例に基づかない職員への給付です。本来なら条例に基づいて、「特別の功績のあった場合などに、限られた範囲の職員に対して行われるもの」ですが、市長の決済だけでそれも五種類もの昇給制度をつくって昇給の前倒しを行っていたというヤミ決済です。

その次がヤミ年金とヤミ退職金。互助組合や共済組合というのは職員の福利厚生のために設けることが条例で決まっています。職員も掛け金を出しますが、公費での補助も行われます。企業の多くではその割合は一対一ですが、行政の場合は一対三だとか、一対六だとかということで、公金が支払われていました。原資は税金ですからその割合が問題になっているところです。この件はその割合が問題というだけではなく、公金の支出、補助の方法が問題となりました。実状が明らかになってくると、大阪市の官僚の「賢さ」に驚くばかりです。大阪市には互助組合が七つありますが、そのすべてをまとめて互助連合会という任意団体をつくり、そこへ公金を投入します。人件費という予算で各互助組合へ公金がいき、その公金を集めて、今度は補給金という形で互助連合、任意団体にお金がいきます。そこが職員ＯＢに年金、退職金を支払うわけです。こうして、大阪市の職員は正規の退職金とは別に平均一人当たり約四〇〇〇万円の退職金や年金を受け取るのです。任意団体をつくり、そこへ公金を潜り込ませ、配分するという方法で、「ゆりかごから墓場まで」ではありませんが、公務員の面倒を生涯にわたり市がみていたという事実が明らかになりました。大阪市の官僚の「賢さ」には呆れます。今年からは支給されませんから、「見張り番がいらんことするから、今度退職するのに、四百万円もらえなくなって、家のローンが払えなくなった。どうしてくれるんだ」と言って私のところへ電話がかかってきます。私も当事者だったら多分愚痴るだろうなあ、などと思いながら、「いや、実は、もらってはいけないものをもらっていたんですよ」と説明します。すると「そんなこと今までわからなかったでしょう」と怒られてね、辛い思いもします。ヤミ年金、退職金の問題は内部情報によって全容が明らかになった案件です。それを新聞記者が大変鋭い勘で掘り出した事件でした。

図表1にある互助連合会の図書券給付も、互助連合会設立時に一人一万円分ずつ配ったというものです。大阪市の職員は五万人ですから、五億円です。設立後五年目に五周年記念でまた配ったということでしたので、その件を請求しましたが、設立時のものは時効で請求できませんでした。残念ながら、監査請求には期間というハードルがあります。一年以上前のものを請求するには正当な理由がないと受けてもらえません。

特別昇給もそうですが、こうして長く継続することで少しだけ世の中の人に信頼を得たのでしょうか。職員の方々からも内部情報をいただくことが増えてきました。職員の方の中にもまっとうに公に奉仕したい、と思う方がいるということですね。こうした情報に基づき情報公開請求で資料を請求してみて、「当たりかな、外れかな」と言いながら、検証しています。私たちは素人ですから、わかりにくい内容は、その道の専門家にみていただいて、「これはどうするの」と聞いて監査請求へつなげています。行政の行動に疑問を感じた時、多くの方々は抗議文や窓口に異義を申し立てるのではないでしょうか。行政はそれではなかなか変わりませんね。そのため、私たちは監査請求や訴訟、情報公開という制度を活用しているわけです。長くやっていて信用をいただけるということを先ほど申しましたが、そのことで最初は門前払いであった行政の態度も、情報開示の姿勢へと少しずつ変わっていくという変化もみえるようになりました。見続けなければならないということですね。最高裁でも意見陳述をしてきましたが、自分が専門家、お上の方へ上がっていくのではなくて、そういう方々に市民の側に下りてきてください、という気持ちを大事にしています。

◇市民である醍醐味

始めたころは、こんなことやるのは月に最高三日間で、それ以外は絶対日程を入れないと決めて始めたのですが、表にありますように、ここ数年は連日忙しく過ごしてきました。私の状況をご存知の方は後継者を育成しては、とアドバイスしてくださいます。私もできるだけ新しい方を加えて情報公開に取り組むよう心がけてきました。そうこうしながら最近思うのは、オンブズマン活動やその中核となる情報公開請求は、後継者を育てるというよりも、個々人がそのセンスで取り組むことでも十分に深さも広がりも保てるのではないか、ということです。今やインターネットでも請求できますし、交通費を節約しようと思ったら、お家でできることなどを工夫すればできる活動ですので、どなたにでもできます。信じられないことかもしれませんが『見張り番』は貧乏で、決まった事務所ももっておりません。私の自宅の四畳半ほどの部屋はちょっと触るとパサパサと資料が落ちてしまうという状況になっています。それでもこうして一六年間活動を続けていられるんですね。

こうして市民としての活動を続けていますと、行政の仕組みの不備や意識上の問題点と同時に、職員の方々のご苦労もみえてきます。予算決算の時は泊まり込みでの作業になったりします。経済効率の問題によるバス事業の民営化で、バス新興会社という外郭団体がつくられ、バス事業の一部が任されています。振興会社も天下りによる運営なのですが、そこでは正規職員の数を減らし、運転手さんは低い給与で働いていることなどもわかるんですね。天下りの方々の雇用条件の整備以上に、働く方々の条件をどうして整えてあげられないのかと疑問に思いますが、そういう方々からの相談というのもずいぶん入ってきます。

本来の行政の姿というものは、そこに住んでる方々、働いてる方々の声がしっかり反映されてこそ生きたものになると思うのですが、今はなかなかそうではなくて、縦割り行政のままです。庁内の都合にばかり気を取られずに真剣に市民の側を向いて改革に取り組んでいただきたいと思います。

また、組織内で仕事をしていれば「おかしいな」と思う場面にも直面します。こうした職員の方々の告発が『見張り番』に届いて、世論に問いかけることになった案件も出てきています。でも、大抵は組織の中で正しいことを言おうとするといじめみたいなものにあうでしょう。社会全体からみてもいじめが横行する社会であってはならないと思います。内部通報者保護法などを整備し、正しい意見が反映されるような社会であってほしいと願っています。

予算決算の説明を市民にわかりやすいように改善してほしい。そうすれば、私たちはもっともっと、コナン君ができるんですよ。市民としての醍醐味を存分に体験しているとでもいうのでしょうか。単純にいってとっても楽しい。若い方にも、そういうのを見つけて、いいアイデア出してもらいたいなと思いますね。『見張り番』が発足最初からモットーにしてきたのは、『不偏不党』ということ。きわめて政治的なことにも関わりますから、会員には各党の方々やある政党を支持する方々も参加されていますが、特定の政党や団体に『見張り番』として与しないということに最も気をつかってきました。

また、私個人として考えてきたのは、地方自治法二条と地方財政法四条を大きな枠の理念として、後はその都度場面に合った法律を探すということです。そして少数の意見も、回を重ねて継続することでだんだん認められるようになるという希望をもつこと。「真実は詳細にあり」と思っています。

何か小さなことを見つけると、それが案外真実であって、ずっとつながっていくという経験を大事にしたいのです。何か大きな流れで急激に動いていく時には、いつも、私は逆に立ち止まって、小さなところの真実を探そうと思います。

ひとりの人間として、途中で休むことなく継続した先に、現在の『見張り番』の姿がありま す。私と、世話人の限られた人数で、大阪市のことを中心に取り組んできました。そして、社会状況の変化とともにみられた、ここ三、四年ほどの急激な改革の盛り上がりとともに、大阪市二四区独自の活動が広がりつつあります。市役所の中枢からものをみるのではなく、私たちの日々の生活から、おかしいな、とか、もっとこうできるのでは、といった視点で見続けることが市民の役割であり、醍醐味ですから、とても大事な動きだと思っています。前にも述べましたが、情報公開請求はひとりでもできることです。糾弾する、指摘する、という視点ではなく、よいものにするために協同しよう、という姿勢を原点に「知る」ことへの関心をひとりでも多くの方にもち続けていただけたらと思います。

講義解説①　**見張り番**

住民監査請求

『見張り番』の主な活動は、地方自治法二四二条にある「住民監査請求」と「住民訴訟」の二つの権利を活用することで成り立っています。最近でこそ、自治体運営の実状をメディアでも頻繁に目にするようになりましたが、その背景には、『見張り番』のようなオンブズマンの地道な活動が存在しています。

「住民監査請求」は自治体の監査委員に対して監査を請求するものです。本来は組織の公正を担保するために設置されているはずの監査委員会自体、委員の多くが職員ＯＢであったり、有資格者の不在などの問題点が過去には指摘されてきたこともあり、監査委員会が機能を発揮しきれていない例もあります。監査委員会の性格との関連の有無は別としても、却下が続くこともある「住民監査請求」を、根気強く続けることがオンブズマン活動の中心といえそうです。

また、関連する法律として一九九九年五月には「行政機関の保有する情報の公開に関する法律（以下、情報公開法）」も施行されました。情報公開法は行政機関にある情報の公開だけでなく、政府の国民への説明責任能力の向上と、国民の理解と批判の下に公正で民主的な行政の推進に貢献することまでを目的とした法律です。法学上は今後も精度の向上が求められるものですが、大きくは納税者、有権者としての権利の一部を保障する法律といえます。情報公開法の制定に先駆けて、市民レベルの要請に応じ、一九九七年六月末時点で一三の自治体でオンブズマン制度が導入されています（園部逸夫・枝根茂『オンブズマン法』弘文堂、一九九七）。全国の市民オンブズマンのネットワーク組織である全国市民オンブズマン連絡会議には現在八一の市民オンブズマンの加盟があるということですが、自

（講義解説・カルテ作成：末村祐子）

治体における取組みとともに、『見張り番』をはじめとする全国のオンブズマン活動も、情報公開法制定に影響を与えた存在といえるでしょう。

市民としての着眼点

『見張り番』の結成より一〇年も前に大阪には弁護士や公認会計士などの有資格者を中心とした『市民オンブズマン（大阪）』という団体があったことは講義でも紹介されました。この『市民オンブズマン（大阪）』が、オンブズマン活動が市民による幅広い裾野をもつべき運動であると呼びかけたことが『見張り番』誕生のきっかけです。以来、訴訟でなければ個人だけでも手続きが可能な住民監査請求をこつこつ継続してきたのが『見張り番』です。

オンブズマン活動というと、難しい、大きな問題だけでなく、ささいなことにも厳しいというイメージがあるかもしれませんが、講義では、財政状況の悪化から設立される外郭団体で働く職員の労働環境の悪さを心配するコメントや、組織内の不正を通報した内部告発者保護必要性などへのコメントも多く聞かれました。『見張り番』は、ただ指摘するにとどまらず、納税者として、この地に暮らす一人の市民として、というところを原点に、効果的で公正な行政運営の実現を目指しているのが特徴で、その姿勢が多くの人々からの信頼を得ている理由といえそうです。公務員からの相談を含め、多くの情報が寄せられることからも、『見張り番』が信頼される存在であることがわかります。

透明性の高さ

世話人の数と監査請求の件数をみるだけでも、きわめて限られた人数でかなりの仕事量をこなしていることがわかる『見張り番』ですが、そんな体制でも『見張り番』のホームページには、定例世話人会での議論内容から、他団体とのネットワーキングの状況、変化に至るまで克明に情報が公開されています。年間予算や次年度予算といった会計情報は会員内での開示を基本とされていますが、様々な事業の意思決定の経緯、判断の根拠に至るまでその場にいなかった人でも理解できるだけの情報が開示されており、透明性の高さが伺えます。

今後にむけて

『市民オンブズマン（大阪）』の呼びかけをきっかけに、市民による幅広い行政への関心と知識の向上の取り組みとして『見張り番』は誕生しました。そして、これまでは聖域として話題にあげることもできなかったような事柄にもようやくメスが入れられるようにもなり、新聞やニュースでは行政の長までもが、頭を下げる写真も幾度となく見かけるようになりました。ですが、『見張り番』の活動の目的は行政が高い透明性をもち、効果的で公正に機能すること、それによって市民が安心した生活を送れるようにすることです。『見張り番』のホームページにもありましたが、事件として騒がれると不備を反省し、詫びる姿も目にするけれど、部署が変わると同じことを繰り返している場面に遭遇します。

市民によるチェック機能に触発され、世の中に騒がれた時にだけ、事件として襟を正すのではなく、行政という組織が自律的に健全な運営を実現するよう、法制度の再整備、組織運営上の慣習の見直し、仕組みの見直しなどの体質改善につなげる努力をすることが政治と行政には必要です。同時に『見張り番』に並ぶ市民オンブズマン活動の裾野の広がりも期待されます。

カルテ１

名　　称	行政監視グループ見張り番
設立時期	1990年１月27日
組織形態	任意団体
年間予算	約173万円
収入内訳	会費43.2％、カンパ39.2％、繰越金等17.6％
支出内訳	活動費（請求、開示、コピー、電話等）42.6％、組織運営用経費（会議室代等）7％、会報印刷17％、ネットワーキング24％、資料費等9.4％
主　　な 活動内容	情報公開、監査請求による行政監視活動
組織構成 （理事役員）	世話人13名、監事１名、うち代表世話人３名
事務局の 担い手	常勤、有給なし 世話人を含む無給ボランティア（有志）が中心
特　　徴	総会（年１）、世話人会（定例年18回、他随時） 世話人会による迅速かつ柔軟な意思決定 市民（納税者、住民、有権者）の視点から取り組む行政監査の姿勢を徹底して保持 代表世話人内無資格者による継続的取組みと、必要に応じた有資格者による専門性発揮（相乗効果）
情報公開	会費およびカンパが主な財源であるため、会員、寄附者を主な対象として、会報（年６回）にて情報公開 事業状況についてはHPにて随時一般に公開

CASE
2

チャレンジドを納税者にできる日本へ

社会福祉法人プロップ・ステーション理事長　竹中ナミ

◇チャレンジドという言葉との出会い

『プロップ・ステーション』はコンピュータネットワークを活用して「障害をもつ人」の自立と社会参画、とりわけ就労の促進を目標に活動している社会福祉法人です。「チャレンジド（challenged）」という言葉はアメリカで一五年ほど前から使われるようになった言葉で、それまではハンディキャップとか、ディスエイブルパーソンというい方をしていた「障害をもつ人」の可能性に着目をした呼称です。ディスエイブルというのは、可能を否定しているわけです。人権の国、アメリカといっておきながら、そこにひとりの人がおられて、その人のマイナスのところ、不可能なところに着目をした呼び方で、それを呼称にしてしまうというのは「おかしくないかい？」とアメリカの中で声が上がった。それで、マイナスの側面ではなく、その人がもっている可能性の部分に着目した呼び方として「チャレンジド」という呼称が生まれ、定着しつつあるというものです。「挑戦という使命、課題」、あるいは、「挑戦するチャンスや資格を与えられている人たち」というような意味で受動態になっているんですね。しかも、決して、日本でいう障がい者だけを表すのではなく、例えば、震災復興に立ち向かってる人は、チャレンジドだというような幅広い使い方をするそうです。

私は阪神淡路大震災にあった年にこの言葉を初めて知りました。私も震災にあい、幸い両親は無事でしたが、生まれ育った東灘の家は全焼しました。『プロップ・ステーション』の活動は震災より五年ほど前から草の根のボランティア活動をしてたのですが、仲間たちも全員が何らかの形で被災者になってしまった。そういう状況で「チャレンジド」という言葉に出会いました。この言葉を教えてくれた方が、「すべての人間に自分の課題に向き合う力が備わっている。そして、課題が大きい人には、その力がたくさん与えられているという哲学をこの言葉は含んでいる。だから、決して障がい者だけのことではないんだよ。震災復興に向き合う人たちがチャレンジドだといったのはそういう意味だよ」と教えてくれました。

普通、大きな災害があった時には、救急車を呼んだり、消防車を呼んだり、警察へ連絡したり、役所へ連絡したりします。つまり国民が、あるいは市民が災害や困ったことがあった時に、SOSを出す相手は「官・役所」なのです。ところが、あの震災では神戸は市役所も県庁も潰れて、あらゆる行政機関は機能しなかった。消防車を呼んでも、救急車を呼んでも、家や道が潰れてふさがって来られないんです。かろうじて消防車が現場に着いても、消火栓の水が出ません。家族が炎に包まれていくのを目の前で見なくてはいけない、そんな状況さえありました。つまり、役所と民間ということも関係なく、人間一人ひとりが丸裸の弱い存在になって、ボーンと放り出されたというのが、あの震災の経験でした。私たちも、仲間と口々に「どうやって自分らが立ち直っていったらいいんやろ」「どうやって自分たちの力で復興していったらいいんやろ」と言い合うだけで、あまりに酷い状況に何の知恵もわいてこない状況だったのです。ところが、この時に「チャレンジド」という言葉と出会った。この状況を乗り越えられるかどうかわからへん、どうやったら復興に向かえるかわからへん。そんな時、ある人からの「あんたは、これに向き合う力が備わっている。あんたは、向き合える人よ」という、その一言に、私はとても元気が出ました。今すぐにできる手立てがあるわけではないけれど、直視できる、向き合えることのすばらしさに気づくことができ、そして、仲間にも「チャレンジド」の意味を伝えながら、少しずつ活動を進めてきました。

◆震災とパソコン通信

『プロップ・ステーション』を盛り立ててきた仲間は、家族の介護を受けていらっしゃる、ご自宅に在宅という形でいらっしゃる、あるいは、家族の介護も無理になって、施設にいらっしゃる、見えない、まったく喋れない、聞こえないなど、大変重い障がいをもつ人たちでした。そういう人たちが一五年前にパソコンや通信技術を使って、自分たちが意見交換をしながら社会に参画して、自分たちのできることを世の中に発揮していこうということで生まれた、その当時大変珍しい、ボランティアの、しかも、当事者のグループでした。

何らかの障がいをもつ人が、活動しようとすると、例えば勉強会ひとつとっても、目の見えない人のために、点字資料を常にきちんと作れるかといったら、小さなボランティアグループでは難しい。聞こえない、喋れない人のためにいつも手話の通訳の人を確実に用意できるかといったら、それも難しい。体が不自由な人がいて、家から出にくいという人がいたら、会場選びひとつから難しいわけです。自分たちの活動をするにしても、「集まる」ということ自体難しい仲間でグループを起こしてやっていくには、どんなふうに意見交換したらいいか、運営するための手立てをどうしたらいいか、といったことを考えた時に気づいたのがパソコン通信でした。音声ワープロはその当時からありましたので、見えない人でも音声装置を使って電子メールを書いたり送ったりといったやりとりをするということができました。聞こえない、あるいは、喋れないという人も文字でやりとりができます。家を出るのが困難な人、着替えるのに時間がかかったり、血圧が上がらなかったりして朝が遅めの人も、自分の都合のいい時間に、自宅から参加できる。指がものすごく不自由で動かなくても、その人のスピードでじっくり意見を書けばいい。実は私はパソコンがとても苦手で、ゆっくりゆっくり、いまだに、まだ両方の指一本ずつで字を打っている人間なんです。ですから、私たちのように、見えて聞こえて喋れて動けてという人間でも同じように、それぞれの状況にあわせて書くわけです。そうすると、見えない人が書いた「私はこう思います」という一行も、聞こえない、喋れない人が書いた「僕はこう考えています」という一行も、体がまったく動かない人がゆっくりゆっくり指で書いた「私の意見はこうです」という一言も、みんな同じ一行なんです。平等な意見なんです。それがどれだけすばらしいことか。「パソコンとか通信技術というのは、コミュニケーションをここまでバリアフリーにできるんだ」とすごく感動した体験を私たちはみなもっていました。そんな仲間が阪神淡路大震災の被害にあい、全員が被災者になりました。

震災から数日して、電気と電話が復旧すると、仲間全員から、「私は生きてる」、「○○さんはどうしてるかわからへんか?」といったメッセージが届き、安否確認ができました。そんな最中に「チャレンジド」という意味の言葉を教わったので、メールでいろんな人に伝えました。それから、ベットの上にいた仲間も、自分たちはこの現実に向き合える、という気持ちになってくれて、「じゃあ、このコンピュータという道具で今、僕は、私は何ができるか?」を考えようということになったわけです。仲間内の安否確認だった通信が、一歩進んで、「お水は、今日はどこで貰えるの?」とか、「今日のお弁当どうなった?」といった緊急救援情報に変化した。耳の不自由な人には行政がスピーカー付きの車で巡回して情報を発信しても、聞こえないわけです。だけど、通信なら問題なく伝えられました。その次には、養護学校や、老人ホームなどでオシメや衣料が不足して困ってるといった情報を、パソコン通信で出す人が出てきました。そうすると、ある時、その通信を受け取った人が、知り合いから知り合いにつないで、メーカーから養護学校にオシメがいきなり千枚ぐらい届いたというようなこともありました。つまり、ベットの上にいて、今まで寝たきりで家族の介護を受けていたといわれる人が、あの震災直後の大変な状況のなかでわずかに動く指先でボランティアを始めたということです。障がいをもつ人がパソコンを使えばボランティアになれる。本当にすごいことだと私は思いました。

『プロップ・ステーション』の活動の原点は一五年も前のパソコン通信だとお話しました。一五年前といえば、テーブルの上に乗るパーソナルコンピュータというものは、開発され始めていましたけど、残念ながらまだ一般家庭にはなかった時代です。パソコン通信も、私たちが活動を始めるわずか数年前にニフティサーブという会社がパソコン通信の経営を始めたばかりで、全国でも数千人ほどの利用者しかなかった。その数千人も研究者や企業の特別な情報処理の仕事してる人が使っていたぐらいのことです。そんな頃に『プロップ・ステーション』では通信技術を使って重度の障がいをもつ人たちが世の中とつながって、自分のできることを発揮し、そして、仕事がしたいと生まれたグループだったんです。『プロップ・ステーション』が情報技術を最大限に活用することになったきっかけにはひとりの青年との出会いがありました。

◆ある青年の物語

私と一緒に『プロップ・ステーション』の活動を始めた青年は関西学院の高等部でラグビーの選手をしてました。すごくラグビーセンスのいい子で、大学に行ったらきっと世界に羽ばたくようなラガーマンになるといわれて、ガタイもスポーツセンスも立派な選手でした。ところが、ラグビーで高校三年生の時の試合中に激しくぶつかり合った拍子に首の骨を折ってしまった。ついこの間まで、明日は世界に羽ばたくラガーマンになるんだと本人はもちろん、親御さんも、友だちも仲間も全員がそう思っていた人が、一瞬のスポーツ事故で頸髄を骨折し、いわゆる頸髄損傷という状態になり、左手の指先と、首が少し動くだけという状態になってしまった。もちろん、本人も家族もすごくショック受けました。ところが、さすがラガーマンというべきなんでしょうか。ある日、彼がご両親に「僕ね、これ以上くよくよしてても仕方がないと思う。気が付いたんやけど、僕には考える力が残されているわ」と言ったそうです。その後がまたすごいのですが、「だから、僕はこの考える力を磨いて働けるようになって社会復帰したい」と言ったんです。寝たきりになって、起きるところから、下のことまで、何から何まで介護が必要になった息子が、残された考える力を磨いて、働けるようになって社会復帰したい、と言ったんです。たいてい普通の親御さんだったら、「お前、そんな体になって、無茶なこと言わんでええ、そんなこと考えんでええ、父ちゃん母ちゃんがお前の世話したる」とか、あるいは、「お前のために、何か残したるから、安心せえよ」とか言ってしまいがちですが、彼のご両親は違っていた。彼が、働いて社会復帰したいといった瞬間に、「そうか、そんならお前、働けるようになれ」と言ったそうです。しかも「働けるようになりたいんやったら、お前は長男なんやから、家業継げるまでになれ」とまで言ったとのことです。彼は、両親に「長男なんやから、家業継げ」と言われた瞬間に、「わかった。三つは無理かもわからんけど、絶対自分はどれか家業を継いで、いつか父ちゃん母ちゃん食わしたる」と言ったそうです。

寝たきりの息子と、それを介護しているご両親の会話ですよ。本当にすごいと思いました。彼は今、農業と植木屋とマンション管理運営という家業の中からマンションの管理運営で身を立てる決心をして、そのために経営と経済とコンピュータの技術を学ぶために進学した後、立派に家業を継いでいます。大学入学については受験の志望を受け入れてもらうところから大変な苦労をしましたが、ワープロを持ち込んでの受験を実現させ、大学を卒業しました。大学の四年間ではコンピュータについては自分で納得するところまで到達しなかったということで彼は大学院まで行き、最終的には理工学の博士課程を修了。自分でマンションの管理運営に使うデータベースを開発して、いよいよマンションの管理運営の仕事を始めました。

しばらくして、ある日、彼から「順調にやっているから一度会いに来て」と電話があり、伺いました。根性ある人だから、立派にやってるだろうなと思いながらも、さすがに想像が働かないまま伺ったんです。何棟かあるマンションのうちの一棟の一階のある一室に彼の管理人室ができていて、彼がわずかに動く指でボタンを押すとドアが自動で開くようになっていました。中に入ると彼専用の大きな机があって、その上に当時まだ珍しかったパソコン、小型になってテーブルの上に乗るようになったパーソナル・コンピュータが置いてありました。そして、彼が電源を入れて、自分が作ったデータベースを見せてくれたんです。

最近のパソコンのように色々なソフトが既成で販売されている時代ではないんです。当時のコンピュータといったら電源入れてもただの箱、物の入ってない冷蔵庫みたいなものです。だから、データベースといったら、それを自分で作らないといけない。彼が大学院でプログラミングの勉強をして作ったデータベースを見せてもらいましたが、本当にびっくりしました。完璧なのです。何十室かあるマンションの部屋の一つひとつの情報が丁寧に整理されていました。何号室は近々転居する予定で壁紙や畳を取り替える。壁紙、畳はどこの業者さん、何種類ぐらい業者さんがあって、どこの業者さんだったら、見積もりこれぐらい。自分の指先だけで経営のすべてに必要なことを探せるように作ってあったんです。

だけど、私は友だちですし、親しき中にも礼儀なしですから、いじわるに言ったんです。「すごいと思うけど、マンションの管理や運営って、別にデータベースだけでできるもんと違うんちゃうか」と。「廊下の掃除もあるし、植えてあるお花の世話もあるし、そんなんあんたできひんやん」とも言いました。そしたら、彼がニヤッと笑って、「僕の住んでる、この地域に知的ハンディの人たちのグループがあって、掃除とか、花の世話とか、ちゃんとやってくれるグループがある。だから、僕は経営者として、そういう人たちを募集して、面接をして、しっかりやってくれる人を何人か雇てんねん。その人のお給料のことから何から全部データベースでやって、税金のこともすべてパソコンで管理してる」。それを聞いて感心しました。「スゴイね、君。マンション管理人というよりか、ホンマもう青年実業家やね。堂々たる青年実業家やんか、カッコええわー」と言いながら、ハッと思ったんです。

それまでの日本では彼のような重度の身体障がいをもつ人は、「かわいそうな、気の毒な、大変な、ご不幸な方」、そのご家族も「かわいそうな、気の毒な、大変な、ご不幸なお家」と言われてたんです。それなのに目の前にいる彼は、私にもできないコンピュータを駆使して、私にもない経営能力というのを発揮して、青年実業家になった。「なんで、こんなことができたんや」と私は思いました。それには、三つの理由があるとわかりました。一つには、本人が

「絶対働きたい、自分のできることを世の中に向けて発揮したい」という意志を強くもったこと。二つには家族、友だち、彼のことをよく知る身近な人たちが、無理だと止めるのではなく、とにかくやってみよう、やらせてみよう、とバックアップしたこと。三つには、とりわけコンピュータという道具。コンピュータというのは、その当時、まだほとんどなかったわけですから、最新の科学技術といってもいいですね。そういう最高、最新の科学技術を使ったこと。この三つがうまく組み合わさって、今、彼は私の前で経営者として存在してることがわかりました。

「今までの日本の福祉や、ボランティア活動というのは何だったのか」、その人が障がいがあるといったら、その人のここができへん、あそこが不可能や、これが無理や、気の毒やな、かわいそうやな、同情してあげるわ、何か手伝いしてあげるわというものでした。それが、福祉観であり、それがボランティア活動の出発点だった。もちろん、気の毒な人を同情することや、手助けすることはなんにも悪いことではない、尊い気持ちです。人間は、その気持ちを絶対なくしたらいけないと私は思います。思いますが、それしかない福祉、その人のマイナスのところにだけ着目をした福祉って、結局は、「その人の中にある可能性にはフタをしていたんだ」ということに気付きました。「日本の福祉って、大きなとこが抜け落ちていたと私は思う」と彼に言いました。だから、マイナスのところは、とりあえずいいから、その人の可能性、あるいは、やりたいと思っていることに着目をして、そこに人の力だけではなく、科学技術も使って、一人ひとりの力を全部、社会に引き出す、引っ張り出す。その人がそのことを「社会でできるようにする」ボランティア活動を始めてみようと。なんでかというと、日本の福祉、こんなにみんなが心温かく一生懸命考えてるのに、結局、その人の力を眠らせているとしたら、関西人で言うたら、「もったいない話」「もったいない福祉」なんです。この「もったいない福祉」から「もったいなくない福祉」に変えようと私は思う。「そういう活動を私はしようと思うけど、どう思う?」と聞いたら、彼が大きくうなずいて、「僕も一緒にやる」と言ったんです。

彼も、病院やリハビリの場で多くの障がいを抱えるようになった人を見てきて、今の自分のように仕事ができて、自立もできる、それは自分だけじゃないことを伝えたいと思っていたんですね。それで、私は広報や交渉を、彼はコンピュータの担当、ということで始めることになりました。でもさすがに二人では無理です。今までの福祉と全然違う考え方ですから同じような考え方の人は少ないかもしれません。石さえ飛んでくるかもしれません。ですから、よく話をして「よし、それやったら一緒にやろう」という、わずかな人たちとこの活動を始めることになりました。『プロップ』は彼がラグビー選手時代に守っていたポジションからつけた名前です。支柱、つっかえ棒、支え合い、という意味ですが、『支えあい』という意味が、障がい

料金受取人払

京都北局
承　　認
80

差出有効期限

2008年3月31日
まで〈切手不要〉

郵便はがき

6038789

026

京都市北区上賀茂岩ヶ垣内町71

法律文化社
読者カード係　行

ご購読ありがとうございます。今後の企画・読者ニーズの参考，および刊行物等のご案内に利用させていただきます。なお，ご記入いただいた情報のうち、個人情報に該当する項目は上記の目的以外には使用いたしません。

お名前（ふりがな）	年　齢
ご住所　〒	
ご職業または学校名	
ご購読の新聞・雑誌名	
関心のある分野（複数回答可） 法律　政治　経済　経営　社会　福祉　歴史　哲学　教育	

愛読者カード

◆書　名

◆お買上げの書店名と所在地

◆本書ご購読の動機

□**広告をみて**（媒体名：　　　　　　　）□**書評をみて**（媒体紙誌：　　　　　　　）
□**小社のホームページをみて**　□**書店のホームページをみて**
□**出版案内・チラシをみて**　□**教科書として**（学校名：　　　　　　　）
□**店頭でみて**　□**知人の紹介**　□**その他**（　　　　　　　）

◆本書についてのご感想

内容：□**良い**　□**普通**　□**悪い**　　**価格：**□**高い**　□**普通**　□**安い**

その他ご自由にお書きください。

◆今後どのような書籍をご希望ですか（著者・ジャンル・テーマなど）。

＊ご希望の方には図書目録送付や新刊・改訂情報などをお知らせするメールニュースの配信を行っています。

図書目録（希望する・希望しない）

メールニュース配信（希望する・希望しない）

〔メールアドレス：　　　　　　　〕

のあるなしにかかわらず、お互いできることを出し合って、できないところは支え合うという私たちの活動にぴったりでしたので、すぐに決めた名前です。

◆情熱を後押しするもの

私には子どもが二人います。上が男の子で今年（二〇〇五年）の七月がきたら三五歳、下が女の子で今年の二月で三二歳になりました。下の娘は、大変重い脳の障がいをもって授かったんです。重症心身障害というのは、ひとつの障がい名ではなくてどれも重い、複数の障がいをもっている状態をいうんです。娘の場合は、視覚は明るい暗いだけがかろうじてわかる全盲、音は聞こえますが、その音の意味することは一切わかりません。声は出ますが、残念ながら、まったく言葉は話せません。私、赤ちゃんは生まれたら皆そのうちに言葉を話すようになると思っていたんですね。でも自分の娘が生後三ヶ月で話せない、とわかった時、医学書から何かから必死に読みました。昔から勉強は大嫌いだったのに、初めて自分から何かを知りたい、情報が欲しい、知識が欲しいと本気で思いました。

さすがにどうやって育てたらいいかわからなくて、両親のもとへ出かけたのですが、私の父が、私が抱いてた娘を手元に寄せて、真っ青な顔をして「わしがこの孫連れて、すぐに死んだる」と言うんです。「どうやって育てるの」と相談に来ている時に、「連れて死ぬ」と言うんですよ。私の両親からしたら、娘に想像もつかない苦労をさせて不幸にするくらいなら、孫を連れて死ぬことが私のためになる、と本気で思っていたみたいです。小さい頃、私はずいぶん悪くて、家出をして心配もかけました。それでも、両親ともにずっと私を信じてくれて、そんな両親がわが子を大事に思うが故に孫を連れて死ぬとまで言っているんです。その時、私は、「絶対、両親とこの子を死なさない」ことと、「ほら見てみ、こんなにおもろくやってるで、元気にやってるで」というのを絶対見せたる、という二つの決心をしました。

そう言った以上、少しでも楽しく過ごしていく方法を見つけなければならないわけです。それで、病院など専門家のところへ相談に行きました。ところが、どのお医者さんもおっしゃることは、こうなんです。「お母さん、こんな子生んだからといってお母さんのせいじゃないんだから、がっかりしないでね」と。どの方の言葉も慰めなんですね。慰めていただくのは嬉しいのですが、私は、専門家の方々から、どうやって育てたら少しでも楽しく過ごさせてやれるか、ということを教えてほしかった。

◆専門家も万能ではない

こうしてずいぶんたくさんの病院や専門家に相談に伺ううちに、「専門家というのは、どうやら、私が想像していたのと違って、限界のある人なんだな」ということがわかってきました。

薬とか手術とか、いわゆる医療行為で治せることなら、お医者さんのテリトリー、だけどそれで治せないものは「障がい」と考えているわけなんですね。専門家にできないことはないと思っていたのですが、できることとできないことがあるんだということがわかってきました。じゃあ、私には何ができるだろう、と考えた時、「私は素人や、素人には限界がないな」と思ったんです。これ不良の考え方なんです。素人には限界がない、制限がないというのでしょうか。だから、素人はいろんなことやってみたらいい、やってみて失敗やった、あれがあかんかったといっても、もともと地位も名誉もありませんから、何も失うものがないんですね。だから、自分で納得いくようにやってみたらいいわけです。それで、再度片端からいろんな医学書を読みましたが、どれを見ても、治らない病気、障害と書いてあるだけで楽しく過ごす方法についてはどこにも書いてないんです。障がいをもった、その先のことが書かれてない。そうこうしているうちに、ある日、はっと閃きました。「障がいをもっても楽しく過ごすために何をすればいいか」は、障がいをもちながらたくましく実際に社会生活を送っている人に聞けばいい。聞こえない、喋れないのだったら、聞こえない、喋れない人と付き合って、どうやってコミュニケーションを取ってるんだろう、どういう時、不便なのか、喋れなくても、どんなことなら楽しめるのか、ちょっとでも動こうとした時に、一体どんなものがあれば、それを後押しできるのか、家の中がどうなっていたら、外がどうなっていたら動けるのか、そんなことを教えてもらったらいいと思ったんです。ある時から、専門家とのお付き合いをやめて、ありとあらゆる障がいの方とお付き合いをして、いろんなことを教わるように切り換えました。自分の娘のことでは、目の問題が大きく感じられたので、見えない方とのお付き合いがたくさんありました。ある時、見えないお友だちと一緒に障がいをもつ人たちの勉強会に行くことになった時、勉強する会議室に着いてドアを開けたとたんに彼女が、「いやあ、割と広い部屋やのに、あんまり来てはらへんやん」と言ったのです。私は思わず、「あんた、なんや見えてたんかいな」と言ったのですが、彼女いわく、目が見える人間だと気づかないような呼吸の音とか、わずかな衣擦れなどの音から、部屋の様子を認識するのだそうです。実際、その日は割と広めの会議室に数人しか来ていなかったんです。それだけではなく、初めて乗った車でもどんなタイプのものかまでわかるのだそうです。本当にびっくりしました。こうした仲間の中に、左手の指先で経営者になった彼もいました。

◆福祉の概念の転換を

見えない人、聞こえない人、喋れない人、動けない人、いろんなお付き合いで、目からウロコばかりでした。にもかかわらず、世の中は、その人が「障がいをもっている」といったとたんに、できないところ、無理なところ、不可能なところに着目をする。行政でも「お手当て」

みたいなことをすぐ考えます。だけど、私が出会ったほとんどの人が、「お手当て」よりも、「仕事がしたい」「働くチャンスがちゃんとほしい」「世の中で認められたい」「自分だって人の役にも立ちたい」と思っているんです。ところが、戦後ずっと「気の毒ですね、かわいそうですね」という福祉が続いてきましたから、チャンスをくれないので、福祉の手当てをくれるんだったら、少しでも手当てを多く貰いましょう、というようなことになるわけです。チャンスと引き換えに得たお手当てですから、貰っても嬉しくないんです。ですから、世の中を恨んだり、怒ったりしてる人もいっぱいいました。これを「もったいない福祉」といわずして何としようかと思いました。

文化が進む。文明が進む。科学技術が進む。いろんな物の流通の仕組みが進む。法律や制度も進む。世の中が進めば進むほど、人間は、自分が生きていくために必要な最低限のことも自分ひとりの力ではやっていない。ところが、目の前に障がいをもった人がいるとその瞬間に「私は自分で自分のことをできるんやけど、この人は、ここが無理やな。あそこできへんな、かわいそうやな、大変やろな」と「かわいそうな人を手当てする福祉」になるんです。無意識のうちにそうなってしまうんですね。私が得ている文化や科学や社会の制度や仕組みや、そういうものを得て自分が今、普通に生きている。そうであれば、この人にはどんな文化やどんな技術やどんな法律やどんなものが必要なんだろうか、と考える人は本当に少ない。自分は自分のことをひとりでできるんだと勘違いしてしまう。固定観念を壊せなくなる。これが福祉の怖さだと思います。

『プロップ・ステーション』は、今の世の中の福祉を全部否定するのではなく、「マイナスのところだけに着目するのをやめよう」と思っています。プラスのところ、あるいは可能性に着目して引っ張り出す。それによって本当の意味で支え合いができる。この支え合いをしない限り、世界一のスピードで少子高齢化が進んでいる日本は立ちゆかなくなります。

私が重症心身障の娘を授かった三〇年前から、私の周りの障がい児の親は「この子より一日だけ後に死にたい」つまり「この子を残して、安心して死ねない」と言っていました。あれから三〇年経って、日本はバブルも経験し、GNPが世界でもトップクラスの国になったけれど、不安は前よりずっと膨らんでいます。安心して死ねないという障がい児の親は減っていない。むしろ、増えているんです。私自身も不安です。様々な国の委員会に参加させていただいていますが、聞けば聞くほど、「こらヤバいな」と思うことばかりです。相変わらず、「手当てをする」という発想の福祉が続いています。弱者が増える世の中でこの発想は当然破綻します。そんなことから目を背けておこうという人もいるかもしれませんが、私自身は自分の娘が重症心身障ですから、あきらめるわけにはいきません。彼女が否定されないで、社会の中で守られる存在であるような人の意識と、特に経済の裏付けが大事だと思っています。

お手本にしてきたスウェーデンの歴史を調べてみますと、四〇年も前に福祉に対する基本的な考え方を一八〇度変えたのです。つまり、国の福祉観そのものを転換したんですね。弱者がいて、それに手当てをするのを福祉と呼ぶ考え方から、弱者を弱者でなくしていく、この行動を福祉と呼ぼうと。そして、本当に必要な人にできる手当てを皆で生み出していこうという内容です。それをスウェーデンは完全に税でやるということを決めた。アメリカは、個人の貯金とか社会保障とかいろいろなものでやろうと。方法は違いますが、答えは一緒なんですね。双方ともすでに四〇年前に国の基本方針を転換しました。日本は幸か不幸か「家族」という制度があり、そして、これほど急激な少子高齢化がくるなんて思っていませんでしたから、家族で支えること、一部の若い世代が働くことだけで支えられると思い、そのルールだけを作ってきたわけです。ところが、現実にはこの方法で大丈夫かというと、私は自分自身、家族を考えても無理だ思います。国レベルの福祉に対する基本的な考え方を転換することが何より重要だと思います。またそれは政治、行政だけが決めるのではなく、私たち一人ひとりの行動もそのきっかけになることを忘れずにいたいと思います。

『プロップ・ステーション』の活動は母ちゃんのワガママで、自分が安心して死にたいからやっている活動です。正義でも善でもありませんから、皆さんに「こうせよ」と偉そうに言う立場ではまったくないです。あくまで私のワガママ。ですが、いろんな方が「自分も同じ危機感を抱いている」といって、『プロップ』の輪に参加してくださるようになりました。ご自分が政策を作る側にいる人だったり、行政でそれを施行する側にいらっしゃったり、あるいは、同じような障がい者の親だったり、障がい者自身、そういう人たちの輪が大きく広がってきたんですね。大変ありがたく光栄なことだと思っています。私は、自分が人生を終えるまでに、この口と心臓が達者な間に、できるだけ輪を広げて、「安心して死ねる」というところまでいきたいと思います。何年かかるかわかりませんが、自分なりにできるところまでは頑張ってやってみたいと思っています。今日のお話でひとりでもふたりでも共感してくださった方があれば嬉しく思います。

原点は母親としての情熱

（講義解説・年表・カルテ作成：末村祐子）

理事長の竹中ナミさん（以下、ナミさん）に会われた方は、全員がそのエネルギーに引き込まれそうになります。『プロップ・ステーション』のメッセージは「チャレンジドを納税者にできる日本へ」ただひとつ。日本の社会福祉政策に代替的な考え方を提案していることが、素直に伝わるわかりやすいメッセージです。

ナミさんの著書『ラッキーウーマン』に、「日本ではなぜ障がい者を隔絶するのでしょう？　チャレンジドという言葉を使うことで日本に新しい価値観を生み、社会の仕組みを変えたい！」とあります。マーケティングでいうと

講義解説②　**プロップ・ステーション**

ころのトリガーを直感的につかみとり、このようにシンプルに表現していることが、情報発信における『プロップ・ステーション』の一番の特徴です。

代弁者に終わらないグレートアジテーター

ナミさんご自身は健常者ですが、障がいをもつ方々の声を代弁し、独特の個性をもって強烈なパワーでその声を社会に発信しています。また、発信する以上は、味方をたくさんつくるわよ！　という迫力があります。代弁者としてだけでなく、偉大なアジテーターとしてのナミさんの姿がそこにあります。

多数のファンの存在と今後に向けて

現在『プロップ・ステーション』で実施されている事業は、「仕事に就くための技術講習」、「既存制度の改善や新たな制度づくりのための提言」、「社会の意識変革のための企画実施」、そして「相談受付と調整」、と使命と事業の関係もわかりやすく明快です。これらの一つひとつは、ナミさんが重い障がいをもたれたお子さんの母親になったことで経験したことや、同じく障がいをもつプロップの中心メンバーの原体験から生まれたものとのこと。この原体験とナミさんの個性が、多くのファンの輪をつくり上げてきました。年間予算に占める寄附と後援会費の割合が約三割を占めていることや、社会福祉法人の法人格を取得するに当たり必要な基金が企業からの出資であることからも、賛同者の多さがわかります。

概念や発想の転換には、強烈な個性が必要ですが、ナミさんの個性にだけ委ねているわけにはいきません。今後「チャレンジドを納税者に」の現場を社会に示せる団体がより多く活躍することが期待されます。

プロップ・ステーションのあゆみ

1991年	5月		チャレンジドの自立支援組織プロップ・ステーション設立準備委員会発足。
	11月		パソコン通信局プロップ・ネットを運用開始。
	12月		機関誌「flanker」編集委員会発足。
1992年	4月		「flanker」創刊号発行。 全国の重度障害者を対象にチャレンジドの就労意識アンケートを実施。 大阪ボランティア協会内に事務所を移転し任意団体プロップ・ステーションとして活動開始。竹中ナミ、代表に就任。
	夏		上記、アンケートによりチャレンジドの就労意識とコンピュータへの期待度が高い（回答者の8割）という結果を受け、チャレンジドの就労に向けたコンピュータセミナーを開始。
1994年	3月		セミナー受講生、初仕事を納品（大阪府立工業高校の生徒管理システムを開発）。
	7月	26日	日本の福祉団体として初めてインターネットのドメインを取得。
1995年	1月	17日	阪神大震災が起こる。コンピュータネットワークの重要性を痛感。 プロップの活動にインターネットを取り入れることに決定。
	春		パソコン通信局プロップ・ネットをインターネットに接続。
	12月		野村総合研究所とリモートワーク（在宅勤務）共同実験を開始。
1996年	8月		インターネット上で、全国からの人が対象のシステム開発セミナーを開始。
	夏		第1回チャレンジド・ジャパン・フォーラムを東京で開催。
	11月		第2回チャレンジド・ジャパン・フォーラムを大阪で開催。
1997年	1月		プロップ神戸プロジェクト開始。活動拠点が大阪と神戸に。
	7月		第3回チャレンジド・ジャパン・フォーラムを東京で開催。
	10月		インターネット上で、全国からの人が対象の翻訳者養成セミナーを開始。
	11月		第33回全国身体障害者スポーツ大会の公式ホームページを制作。

1998年	8月		チャレンジド・ジャパン・フォーラム国際会議を神戸で開催。
	9月	3日	全国の障害者を対象に、厚生大臣認可第2種社会福祉法人として認可される。
1999年	4月		社会福祉法人化記念シンポジウム開催。後援会発足。
	8月		第5回チャレンジド・ジャパン・フォーラムを仙台で開催。
	10月		竹中ナミ「エイボン女性年度賞・教育賞」を受賞。
2000年	1月		大阪府下の全養護学校の情報教育支援を受託（2002年3月末まで）。
	5月		初めてのオリジナルCD-ROM「おもいおもいの e-レター」発行。
	8月		第6回チャレンジド・ジャパン・フォーラム2000日米会議を東京で開催。
2001年	2月	17日	厚生労働大臣・三重県知事・竹中ナミ　座談会開催。「すべての人が誇らしく生きられる IT 社会を語る」
	4月		ホームページ上で、オンラインによる「チャレンジド在宅ワーク」のコーディネイトを開始。
	11月	1日 2日	第7回チャレンジド・ジャパン・フォーラムを三重で開催。
2002年	2月	18日	女性議員政策提言協議会の中に「ユニバーサル社会の形成促進プロジェクト・チーム～チャレンジドを納税者にできる日本～」発足。（座長：野田聖子衆議院議員、副座長：浜四津敏子参議院議員）
	5月	12日	（神戸市・プロップ共催）Let's ユニバーサルシティ KOBE 2002開催
	8月	27日 28日	第8回チャレンジド・ジャパン・フォーラムを盛岡で開催。
	10月		竹中ナミ「総務大臣賞個人表彰」受賞
2003年	8月	21日 22日	第9回チャレンジド・ジャパン・フォーラム国際会議を千葉で開催。
2004年	9月	16日	Ac+C'04（アック・ゼロヨン）を東京で開催。
2005年	8月	18日 19日	第10回チャレンジド・ジャパン・フォーラムを神戸で開催。

カルテ2

名　　称	社会福祉法人プロップ・ステーション
設立時期	1991年５月準備会、1998年９月法人格取得
組織形態	社会福祉法人
年間予算	基本財産（社会福祉法）１億円（企業拠出） フロー予算4000～5000万円
収入内訳	受託事業40％、自主事業30％、寄附20％、後援会費10％
支出内訳	受託・自主事業経費30％、事務局運営費60％（人件費、賃料、雑費）、情報公開・広報費５％、その他５％
主　　な 活動内容	チャレンジドの自立と就労の実現のための各種事業（情報発信と各種機関との調整事業、啓発、在宅ワーク推進事業、技能促進事業など）。
組織構成 （理事役員）	理事６名、評議員７名、監事２名、後援会役員２名
事務局の 担 い 手	理事長、常務理事他１名、計３名事務局常勤、他７名（在宅等）、無給ボランティア
特　　徴	当事者としての情熱を原点とした強力なリーダーシップ発揮による業界の牽引機能の発揮 社会福祉法による法人基金の拠出について、大企業の理解と支援を得ている点 多数の著名人により構成される理事、評議員と後援会 上記と理事長の政府審議会、委員会参加により、国や行政のチャレンジド政策への提言多数
情報公開	社会福祉法による社会福祉法人に準じる（公開義務なし）
	会報
	事業、活動に関する情報はHPにて随時一般に公開

CASE 3

情熱とマネジメントの融合——ニーズから政策へ

特定非営利活動法人ケア・センターやわらぎ代表理事
社会福祉法人にんじんの会理事長
石川治江

◇地域で生きるために

『ケア・センターやわらぎ（以下やわらぎ）』は二四時間三六五日の在宅福祉サービスのセンターですが、その前身は立川駅でのエレベーター設置運動でした。私は団塊の世代の人間で、学生時代は大学封鎖、学生運動とすごい時代でした。私自身は学生運動にはなじめず参加しなかったのですが、周囲の友人は皆、学生運動の闘士で、友人が遊びに来るたびに「非国民」みたいな言い方をされるほどでした。その友人のひとりがある日、ある障がいをもった方が立川駅にエレベーターを付けたいと言っている、という話を始めたんですね。それまで私は外資系の組織に秘書として長年勤めておりまして、障がいをもった方とか、福祉という領域のことはまったく知らなかったのです。一週間経って、エレベーターの設置を希望している方が入居している授産施設に行ってみようということになりました。「行かない」と言うとうるさいだろうな、くらいの気持ちで施設を訪れました。その授産施設では一階で印刷の印字を打つ作業をされていました。一字一字印字するカチャンカチャンという音。脳性マヒの方が多かったのですが、その作業の光景に私はすごいカルチャーショックを受けたのを覚えています。立ち尽くして、体が動かなくなった。それが私の福祉との関わりの原点です。そのカルチャーショックから、授産施設にしょっちゅう通うようになり、私と彼女とエレベーターを付けたいという障がいをもった三人で「立川駅にエレベーターを要求する会」を作って、一六年かけて設置に至りました。

設置が決まった頃、国鉄が民営化してＪＲに。設置についての決定は比較的早かったのですが、設置の具体的な内容や運用基準などについての話し合いに大変時間がかかりました。というのは、ＪＲ側は設置が合意されても、その内容はおおむね、車イスのマークを付けて限定的に使用させるという方向だったんです。ところが、私たちは、「誰でもいつでも乗れるようにしなきゃダメだ」と思っていました。例えば、私たちは始発から終電まで使えるようにしたい、けれどＪＲ側は「限定的でなきゃダメだ」とか、設置する場所についても、「遠くに離れたところにしか付けられない」などと主張します。そういう話を一つひとつ調整しながら、一六年かけてようやくエレベーターの設置に至りました。

このようにエレベーター設置運動を入り口に、地域での福祉、そして介護という領域へと広がっていくわけですが、地域での福祉に目を向けるようになった一番のきっかけは、障がいをもった人たちが、施設を出て地域で暮らしたいという強い願いをもっていることを知ったことでした。借りるまでに一年一ケ月もかかりましたが、アパートを借りる取り組みを始めます。アパートに住むには二四時間三六五日のサポートが必要ですから、ボランティアを募り、すべてのシフトを組み、取り組むことになりました。地域における二四時間三六五日のサポートの始まりです。

ところが、人と人が関わる「介護・介助」というのはなかなか続かないんですね。八年ほどたった頃、「もうこれはダメだ」「何とかせにゃいかん」と私は思いました。というのは予定していたボランティアが突然来なくなった途端に、障がいをもった人はご飯もトイレもお風呂も外出も何にもできない状況になるわけです。それは、精神的にものすごく負担をかけることになるんですね。そんな状況をずっとみてきて、「これはしっかりした仕組みをつくらなければだめだ」と痛感しました。

◇たまたま性からの脱却

ボランティアというのは、「たまたま性」なんですね。「たまたま」やる人がいるとか、「たまたま」友人に誘われたとか。つまり、たまたま性だけに委ねている。そうではなくシステムにしよう、仕組みをつくろうということで、一九八七年に『やわらぎ』を設立しました。『やわらぎ』で二四時間三六五日の在宅ケアサポートシステムをつくりました。その後、各地域でつくった拠点では同じ「仕組み」で支援にあたりました。活動を継続する過程で、活動のための資金獲得のためにも法人格が必要となり、一九九七年に『社会福祉法人にんじんの会』を設立しました。『やわらぎ』の発足はＮＰＯ法ができるずっと以前のことでしたので、最も近い分野ということで社会福祉法人を先に取得することになったわけです。

八七年の『やわらぎ』発足から日々の経験の蓄積とマネージメント上の工夫をもとに、九四年に「ケース管理業務支援情報システム（以下 ichigo システム）」の開発に取り組みました。長い間、ボランティアは自分たちの取り組みを言語化したり、記録に残したりしてこなかったんですね。私自身もそうでした。各人の「たまたま性」にだけ依存してしまっていたわけです。前にお話したように、そのことで、ケアする人も、される人もしんどくなっていく。「たまたま性からの卒業」。これは私自身の反省から自分に課した課題でもありました。「たまたま性からの卒業」のための仕組みである「ichigo システム」では、例えば、医療に関わるケースの場合は、医師から主治医指示書なる同意書を貰わないと伺えません、といった基準の設定や、支援依頼案件ごとのカルテや派遣ヘルパーなどのマネジメントのためのフォーマットの作成や

やわらぎのポリシー

やわらぎの概要

品質方針

私たちは、サービスを利用される方々の要求を適切に把握し、信頼される質の高い福祉サービスの提供を通じて社会に貢献します。

平成12年4月1日

代表理事　石川　治江

年次重点目標

当協議会は、全施設において品質方針に基づき以下の年次重点目標を定め、継続して実行し維持する。

(1)利用者・家族のニーズを常に把握する。
(2)利用される方に信頼されるサービスを提供する。
(3)利用者の自立を支援し、ADL及びQOLの向上に資するサービスを提供する。
(4)保険、医療、福祉関係機関と連携したサービスを提供する。
(5)サービス提供に関わる全ての要員が品質保証活動を実行し維持する。

やわらぎの概要

ケア・センターやわらぎは、高齢者や障害者の方など、在宅で介護を必要とする人とケアの担い手とを結びつける非営利の在宅福祉サービスの団体です。

1973年4月より障害者と共に立川駅にエレベーター設置運動開始。地域の中で障害を持つ方の自立を支援する社会システムづくりを目指し、1987年3月非営利の民間福祉団体としてケア・センターやわらぎを設立いたしました。日本で初めて「24時間365日の在宅福祉サービス」「地域を限定しないサービス提供」を開始しました。2000年1月には特定非営利活動法人（NPO法人）の認証を取得しました。2001年3月福祉系NPOとして、日本で初めてISO9001を在宅福祉サービス4事業にて取得。介護分野における先駆的NPOとして、常に新しい事にチャレンジしています。

出所：『やわらぎ』ホームページ

整理、分類とコーディネーターの育成、養成の仕組みづくり、つまり、フォーマットの整備とコーディネーターの育成・養成の二つを主要な柱として構築されています。「ichigo システム」は九九年に小渕政権の時に表彰されるまでのものに成長し、二四時間三六五日の在宅ケアを支援するシステム構築は、『やわらぎ』が最初であったことから、二〇〇〇年の介護保険制度制定の準備の際に、厚生省の方たちが本当に毎日のように、視察に来られました。そして『やわらぎ』の仕組みの多くを取り入れながら介護保険制度が設計されました。

◇介護保険制度制定の背景と制度の概要

『やわらぎ』は、誰もが住み慣れた地域で生活することを実現しよう、という趣旨で活動していますので、対象を高齢者だけとか障がいをもつ方だけと限定したものではありません。国による高齢者ケアの基本的な仕組みとして介護保険制度が整備され、二〇〇三年度には保険制度ではありませんが、「措置から契約へ」、「サービス提供事業者の規制緩和」など、介護保険の仕組みを一部踏襲する形で、障がい福祉の支援費制度も始まりますので、ここで介護保険制度の概要や現状、課題についてお話しておきたいと思います。

国レベルで高齢者を対象とした制度が必要となったのには、高齢化、少子化、女性の社会進出、社会的入院、核家族化を背景とした家族介護力の低下などが背景にあることは皆さんもご承知のとおりです。介護保険制度では四〇歳以上の方々が加入者・被保険者であり、六五歳以上が第一号被保険者、四〇歳以上六五歳未満は第二号被保険者に分けられ、サービスを受けるというものです。一号、二号の分類により、受けることができるサービス内容も異なります。また、これまでの「行政による措置」から「利用者とサービス提供事業者間の契約」に移行します。これにともない「措置」では財源のすべてが税であったものから、税金と保険料で四五％ずつ、残りの一〇％は自己負担分という構成に変化しました。税と保険制度の相互乗り入れ的な制度設計は世界でも他に例のない試みです。またサービス提供者はこれまで行政と社会福祉法人のみであったものが、都道府県の指定事業者になれば株式会社、NPO法人、農協などどこでも参入できるようになり、事業者については規制緩和が進みました。二〇〇〇年四月の開始からすでに五年を迎えていますが、利用の度合い、どのようなサービスが多く利用されているのか、ケース判定の状況、内容の検証、財政状況などの検証が進められているところで、被保険者年齢層の拡大についてなどが検討されています。

利用者の立場からすると、それまで高齢者福祉では市町村に措置内容の決定がすべて委ねられてきましたが、全国レベルの基準が設定され、サービス提供事業者を自らが選ぶことによって質の高低についても選択の余地が与えられた点が大きな変化といえるでしょう。しかし、選択できるほどのサービス基盤があるかといえばそうではない事実もあります。とはいえ、介護保険制度は事業者の参入規制が緩和され、契約によって自分が受けるサービスを決定するわけですから、事業者の競争が健全で、質の高いサービスが提供されるように、私たち国民、市民一人ひとりが、しっかりチェックし続けることが重要です。

また、基本的に日本の福祉は高齢者だけに限らず、遠隔地に整備された施設福祉を中心としてきましたが、急激に高齢化が進むこともあり、地域や在宅におけるケアが重視されてきています。これは財政上の問題もありますが、同時に、個々人がどこで暮らして、どこで死ぬことを希望するか一度しっかり考えておくことの重要性も示唆しているように思います。自分自身の問題、そして自分の地域の問題として考えていくことが重要です。私自身、以前は、人生を終える場所はどこでもいい、くらいに思っていたのですが、二五年近く、障がいをもった方やお年寄りを拝見してきて、施設に入所することを希望されていながら、多くの方が本音ではご自宅で人生を終えたいと思っていることに気づき、私も真剣に考えるようになりました。

私にとって「地域で、ご自宅で人生を終えること」には二つの意味があります。一つは後の世代の者が人間の死を目の前で体験することの意味と地域で見守ることの意味です。私が幼かった頃は、祖母が、祖父が亡くなった時、自宅で冷たくなる体をさすってあげていました。こうして、人間は誰もがいつか命を終えるものだということや、悲しかったり、さびしかったり、生前に感謝したり、という感情とともに死を捉えることができたように思います。また、地域で見守るというのも同様です。最期を迎えるまでお互いに助け合ったり、困ったなあと思いながらも温かく受け入れ、見守る、そんなことができていたわけですね。もう一つは、『やわらぎ』を立ち上げてきた者として、仕組みをつくる視点での意味です。本音では自宅で最期を迎えたいのに、表面では施設への入所を希望するという現象はなぜなのか考えてみると、多くの方が、自宅での介護は無理と決めてしまっているからなんですね。自宅で寝たきりになってしまうのは無理だ、と。ですが、亡くなる前に寝たきりになる期間は七割の方が一ヶ月未満なんですね。それなら、一ヶ月の間、地域で見守る仕組みをつくればいい、そう考えるようになりました。

◇制度の狭間で——やわらぎの経験から

高齢者福祉の分野も障がい福祉の分野も国による基本的な制度が整備されましたが、克服できた課題とまだまだ克服しきれていない課題があることを痛感しています。制度ができたことで地域での見守りのなかで、生活がやっと回り始めたという例を先にお話しします。

介護保険制度が始まる前、五七歳の方の例ですが、「お宅のご主人、どうも様子がおかしいから、病院へ連れていってください」という会社からの電話に「うちの主人、ピンピンして毎日会社へ行っているのにおかしいわね」と奥さまは思いながらも何とかご主人をなだめて病院へ連れて行ったんですね。そうしたら、ご主人はアルツハイマーだと診断された。奥さまはびっくり仰天して、次の日から自宅療養です。ご本人は体は元気だし肌までつやつや。ところが、その日からご主人はとにかくすごい速さで歩き回るんですね。毎日三時間から四時間。真夏の炎天下でしたが、奥さまはご主人が心配で毎日付いて歩かれたんですね。二ヶ月半もしたら奥さまが倒れてしまった。

近所の方がみるにみかねて民生委員に相談に行き、結局おふたりをつれて市役所へ。市役所の担当者は驚いたそうです。パッとみたら、ご主人のほうが元気で健康なご様子なのに、奥さまのほうは、もう素人目にも心臓肥大を疑うほどものすごく顔色が悪くなってらした。

ところが、みるからに大変な状況になっていても、当時の高齢者、障がい者などの制度の枠に入らないので、行政サービスがうけられないわけです。行政ではもうお手上げだということで、市の担当者が『やわらぎ』に連れてこられたんです。『やわらぎ』でも急なことですし、なかなかハードな例でしたので、すぐにはヘルパーさんが見つからなかったのですが、とにかく事務所の人間も一緒になって支援を始めました。私もヘルパーに何回か入りましたが、三〜四時間の徘徊で、タオルはぐじょぐじょになり大変な思いをしました。やっとヘルパーさんが見つかって、行ってもらっても二ヶ月半続かない。三〇代のヘルパーさんにお願いしたら、三週間いくかいいかないかでダウン。そして、七二歳の山登りをしている彼女だったらいけるかもしれないと頼んだ。スゴイですよ、五ヶ月半。そして、介護保険制度が施行されました。

今は、デイサービスと、ホームヘルプでおふたりともとてもうまく回っています。奥さまも、もうそろそろ六〇代ですが、何とか元気でやっているということです。この方は五七歳なので、第二号被保険者ですね。第一号被保険者（六五歳以上）でないと、サービスを受け取ることはできないんです。四〇歳から六四歳までの第二号被保険者が受けられるサービスは国が定めた一五の疾病のみ。アルツハイマーは若年性認知症ということで、一五の疾病の中に入っていましたので、介護保険のサービスを受けることができました。この件などは制度ができたことで、安定した支援の中で過ごすことができるようになった例でした。

一方、次にお話しするように制度ができてもその狭間に取り残される例もあります。四二歳、交通事故の後遺症で脳損傷の彼は、第二号被保険者だけど、この一五の疾病に入っていませんので介護保険制度のサービスを受けることはできません。そうなると障がい福祉からサービスを受け取るしかないわけです。ですが、障がい福祉の分野では知的障がい、精神障がい、身体障がいの三つの手帳がないと、サービスは受けられないわけです。この方は上記の三障がいに該当しないのでいずれの手帳も取得することができませんでした。そうなると、いきなり制度の狭間に取り残されることになるわけです。今、『やわらぎ』のサービスを週に何回か使って、お母さまが日々の面倒をみておられます。この方のお子さんはまだ小さくて、大きな事故にあい、脳の損傷による後遺症で収入を得るような仕事ができなくなったため、離婚。奥さまとお子さんは奥さまの実家へ引き取られて、ご主人は自分の実家で引き取ったという形なんですが、お母さまの心労は察するにあまりある状態です。こうした場合に、制度で財源を保障されたサービスしか提供できない事業者しかいない地域では、家族だけでケアしなくてはいけなくなるわけですね。このように、介護保険制度、支援費制度ができたからといって、すべてがカバーされるわけではないことを理解し、できれば、制度の溝を埋めるための支援をどうするのか、考えられるようにしておくことが大変重要だと思っています。

また、制度の中身に関わることではありませんが、高齢者への詐欺行為も問題になっています。介護保険制度が始まったことでサービス提供事業者が増え、特に開始当初は地域における営業合戦にはすさまじいものがありました。豊田商事以来お年寄りは自宅に他人を入れずにきたのに、制度が始まってからはケアマネージャーをはじめ様々な人間を自宅に入れることになりました。そんな状況につけこんで住宅改修詐欺などの事件も起きています。『やわらぎ』のサービス利用者の中にも被害にあった方がいるのがわかり、ギリギリの時点で阻止したのですが、解約の希望を伝えたところ業者の豹変はすごかった。この事件を知り、『やわらぎ』のメンバー全員、「お年寄りを騙すとは何ということか、そこまでして儲けたいのだろうか」と皆怒り心頭でした。色々な事業者の参入に戸惑っていた私たちでしたが、その時「これまでどおり、お年寄りとその周囲の方々に必要とされる質の高い良いサービスをしっかりやっていこう」と決心し、ＩＳＯを取ることを決めました。日本で初めてホームヘルプ、訪問看護、デイサービス、ケアプランの四つでＩＳＯ９００１を取ることになり、結果として様々な事業者の参入にも影響を受けることなく今日に至っています。

◆介護はプロに、家族は愛を

ここでそもそも「介護とは何か」について少し考えてみたいと思います。政府が介護保険制度をつくるといって『やわらぎ』に研究に来られた時にも申し上げたのですが、私は「介護」という言葉の定義をしっかりすることが重要だと思っています。介護というと、「助ける」、「保護する」といったことをイメージしがちですが、実際には具体的な行為があってはじめて成り立つはずです。ひとり暮らしで寝たきりの高齢者のお宅に伺って「助けます」と言っても、一体何のことだかわからず困りますね。排泄のお世話をしなくてはいけない。オムツをキレイにしなくてはいけない。食事のお世話、入浴も必要。このようなことを「介護行為」といいます。医療を例に考えるとよくわかりますね。病院に行って「辛いね、大変だね、共に助け合おうね」なんてことはないですね。診察して、治療するという医療行為を行うわけです。「思い」と「行為」を分けて理解することが大変重要になるわけです。ところが人間ですから「介護」

から「思い」を分けて理解したり、自分の気持ちを整理するというのは難しいことなのですね。

つい先日の話ですが、故郷にひとりで暮らしておられるお母さまが認知症と診断されました。四人のお子さんがおいでてでしたが、兄弟のどなたも面倒をみられないということで、末の息子さんがご自分のところに呼び寄せて、介護保険の認定申請をせずに、家族でケアしようと決心されたんですね。この方は伴侶も看護師をされているので看護や介護の知識も普通のご家庭よりは豊富なご家庭です。ところが、慣れない土地での生活に、お母さまは大変混乱してしまわれて、排泄物を寝具に塗る、息子さんの顔も名前もわからなくなる、と大変な状況に陥ってしまいました。それでも、何とかひとりで頑張ってらした。偶然『やわらぎ』の事務所の前を通りかかり、飛び込んで来られて、お母さまを呼び寄せてからこの間の状況を話されました。誰がみてもぎりぎりの状況だったので、私たちは介護保険の認定を受け、ヘルパーといっしょにケアされることを勧めました。でも、お母さまへの責任感に加えて、ご兄弟の間でのいさかいや、意地もあったのでしょう。やはりご家族だけでケアするとおっしゃって帰られました。一ヶ月ちょっとして、また来られた時には精神科にかかっておられるという状態になっていました。仕事にも行けない。「親だから、面倒をみなきゃいけない」という気持ちを整理できない。「思い」と「介護行為」が交錯してしまって共倒れになってしまわれたのです。

「思い」と「介護行為」を切り離し、介護行為はプロに任せる。自分はお母さまへの愛情を担当する。また、他のご家族の支援にプロとして赴くこともできます。介護では、他者による支援を受けることや自分も他の家族の支援に趣くことをよしとすることも重要になります。二五年近く様々なケースを拝見してきましたが、親だから、息子だから、面倒をみなきゃいけない、親子ともどもそこだけに陥ってしまうとたいていが共倒れになってしまいます。私たちの社会では「介護」は、「思い」と混同されてきました。私たちは二五年近い経験から、「思い」と「行為」を切り離し、介護はプロに任せ、家族は愛情をそそぐことが大切なのではないかと思います。

一対一の親との介護だけの場合、他人との交流もない、情報も入らない、技術も高まらない。もっと便利でいい介護グッズがあるのに、それも知らない。腰を痛めたり、精神を病んだりしていく。そういう状況をみてきて、「介護というのは行為なのだ」ということを痛感しています。介護保険制度ができたことでその基盤は整いました。介護保険制度は政府が整備した仕組みですが、同時に私たちの意識変革も重要な要素です。

介護について「思い」と「行為」を分けて考え、外部のプロにまかせることは、持続可能な方法で高齢者の生活を支える上で重要ですが、それ以外に、地域での仕事を創造するという意味があります。私は、エレベーターを付ける運動から、ボランティアをし、NPO法人をつくり、社会福祉法人をつくり、介護という領域で仕事をするに至りました。今、二つの法人の理事長をやっていますが、双方ともヘルパーとの雇用関係を結んでおり、全部で一二ヶ所の拠点をもって六百数十人の人が働いています。地域でのニーズに誠実に、自分たちの地域で質のいいサービスを提供して、そして地域に雇用を生む、仕事をつくっていくということも重要なことだと思っています。失業率が高い状況にあっても「仕事がない」と落胆したり諦めたりせずに、自分たちが仕事をつくることもできるわけです。まずはできることに取り組む、そうして一つひとつ積み重ねていく。私はこの二〇数年間やってきて、それこそが大きな市民の力だとつくづく思っています。最初から、このようにやろうなんて思ってもいませんでした。ですが、一つひとつの事柄をみれば、怒りや悲しみや、理不尽さやいろんなことがみえてきます。それを生真面目といわれるほど真面目に受け止めて、理不尽を道理の通る方向へ変えていく、悲しまずにすむ方法を模索する、そうした方向へ自分たちの力を注いでいく、またそうできるんだ、ということを皆さまにお伝えし、講義を終えたいと思います。

講義解説③ **ケア・センターやわらぎ／にんじんの会**

二台の車の伴走による相乗効果

『ケア・センターやわらぎ』（以下、やわらぎ）の特徴は卓越したマネジメント力ですが、そのことを顕著に表しているのが、ＮＰＯ法人と社会福祉法人二種類の法人格を運営するスタイルです。種類が異なり各々独立した法人格をもつため、協議会を結成し、二法人格間の情報交換や方針の調整を行います。また、双方の交流のもとに人材育成が行われるよう、研修センターは協同で設けています。ＮＰＯ法人は新たなメッセージの発信や、参加する人々の意識変革などに力を発揮しますが、社会福祉に関わる施設整備などの助成や補助金などは、社会福祉法人にしか門戸が開かれていないものもあります。これら法人格によって異なる環境を、サービスを受ける側からみて有効な形に再構築するための運営スタイルです。各々の法人格の長短を理解し、『やわらぎ』と『にんじんの会』各々の性格や冷静に整理できてはじめて可能となる協議会運営ですので、卓越したマネジメント力なくしてはできない体制です。

ボランティアのたまたま性からの脱却とマネジメントシステム構築へのこだわり

『やわらぎ』と『にんじんの会』ではＩＳＯ９００１認定を共同で取得しています。提供するサービスが高品質で同質であることをＩＳＯ９００１認証の取得で表現されています。介護保険分野での認証取得は、営利、既存の社会福祉法人にさきがけてやわらぎが初でした。

そもそもは、障がいをもつ方々のために、二四時間三六五日地域を限定しないサービスの提供を開始したところにさかのぼります。共感と情熱をもって参加するボランティアですが、ボランティアの「たまたま性」に依存したままで

（講義解説・年表・カルテ作成：末村祐子）

はいけない、と気づいたところからの取り組みです。講義でも触れられていますが「介護は行為である」と明確に定義し、その質の均質性と向上に取り組まれました。記録用紙に盛り込むべき内容の吟味を重ね、ITも駆使し開発したichigoシステムが総務省の賞を受賞したのは、介護保険制度が始まる一〇年も前のこと。その上、ichigoシステム上の運用だけに満足することなくISO9001の取得に挑戦するところからも、「介護行為」の品質向上のための不断の努力がみえてくるようです。「日々の積み重ねの過程にISO9001の取得もあったことから、さほどの苦労ではなかった」との石川治江さんのコメントが印象に強く残っています。

組織力を最大限に発揮するマネジメント能力

『やわらぎ』へは全国からスタッフが集まります。以前、立川の事務所に伺った際、熊本から『やわらぎ』で仕事がしたくて上京しました、という看護師の方にお目にかかりました。その際同様に印象的だったのが事務所での職員同士の会話が、互いに敬意をはらいながらも率直だったことで、『やわらぎ』で仕事をするために遠方からも人が集まる理由がわかる気がしました。スタッフ各人がもてる知識や経験を『やわらぎ』の現場に投入し、そのことは受益者に役立つのみならず、「介護行為」の品質の向上にも貢献し、ひいてはご本人の力にもなっている、そんな印象を受けました。

前述の品質とそれを実現するためのシステム構築へのこだわりは、多様なバックグラウンドをもつ人材の参加を最大限活かす面でも大きく貢献しています。中核事業への徹底した取り組みが、組織全体の効用を最大限にし、相互に触発しあう、まさに優れた組織マネジメントの典型例といえそうです。

講義解説③ ケア・センターやわらぎ／にんじんの会

社会的課題への高い感性

マネジメント能力の高い組織というと、ともすると機械的で個性がみえにくいという存在を思い描いてしまいますが、『やわらぎ』をみていると「ケアのための技術力」と「組織としてのガバナンス力」の違いに気づかされます。個々の技術力をガバナンスにまで高める背景のひとつに、『やわらぎ』の発足当初の出発点にあるように思います。

多様な属性の方々が、同じように外出できるようにとはじめた駅へのエレベーター設置運動と、障がいをもつ方々が自立した生活を送れるようにと始めた二四時間三六五日のサービス提供。『やわらぎ』の文書の様々な箇所に活動の原点について触れられていることから、品質向上への取り組みも、組織全体のガバナンス力の発揮も、活動を開始した頃にもった問題意識や、現場の課題の改善に最大限誠実であり続けようとすることの表れとして受け取れます。『やわらぎ』に関わる人々の多くはたんに品質の高さだけでなく、その背景にある活動の原点と併せて、『やわらぎ』への信頼につなげているといえます。

政策への貢献

ichigo システムに代表される品質保証のためのシステムは、同時に精度の高い事例の蓄積にもなります。日本の社会がここまで急速な少子高齢化の進行をみるとは認識しきれていなかった頃からの蓄積ですので、介護保険制度をいざ検討しようという時に、ずいぶん勉強にこられたとのことです。

積極的に政策提言を行わなくとも、組織が担うべき仕事の精度を上げたことで、政策の充実に『やわらぎ』が大きく貢献したということも重要な点です。

高い情報公開能力

『やわらぎ』『にんじんの会』ともに情報公開の内容に特色があります。頻繁に更新されるタイプのホームページではありませんが、サービスの品質についての情報はケアの現場に任せ、ホームページには、設立の経緯やこれまでの歩み、定款、役員名簿、そして、理事長のメッセージや運営理念が掲載されています。特色があるのは主務官庁への報告と事務所への備え付けの義務はある社会福祉法人の会計報告をホームページ上でも公開している点です。会計報告書作成の基準など複雑なため、ホームページでまで公開する団体は少ないのですが、やわらぎのマネジメントを超えたガバナンス力の表れともいえる取り組みです。

やわらぎ・にんじん協議会の組織構成

	法人名	事業所名	ISO9001 認証取得事業
やわらぎ・にんじん協議会	特定非営利活動法人ケアセンター・やわらぎ	ケアセンターやわらぎ・立川	訪問介護事業
		ケアセンターやわらぎ・国分寺	通所介護事業
			居宅介護支援事業
		ケアセンターやわらぎ・上野原	
	社会福祉法人にんじんの会	ケアステーションにんじん・立川	訪問介護事業
		にんじんの会在宅介護支援センター	居宅介護支援事業
		デイホームにんじん・玉川上水	
		デイホームにんじん・神明	通所介護事業
		デイホームにんじん・高幡	通所介護事業
		デイホームにんじん・南平	通所介護事業
		デイホームにんじん・上野原	通所介護事業

出所：「社会福祉法人にんじんの会」HP より引用。なお，本組織構成は ISO9001 認証用のもの。

ケア・センターやわらぎのあゆみ

1973年	4月	障害者とともに立川駅にエレベーター設置運動開始
1987年	10月	非営利の民間団体として立川市にケア・センターやわらぎ設立 24時間365日の在宅福祉サービス提供、地域を限定しないサービス提供の開始
1989年	3月	訪問看護サービス開始
1991年	9月	国分寺事務所開設
1994年	11月	「ケース管理業務支援情報システム」(通称 ichigo システム)の開発
1995年	8月	国分寺事務所にてデイサービスセンター開設
1996年	9月	日野市神明事務所開設 日野デイサービスセンター開設
1997年		立川駅に5基のエレベーターが設置される
1999年	10月	ichigo システムが「情報化月間推進会議議長賞」(総務省、郵政省、科学技術省、通産省等)の表彰を受ける
2000年	1月	「特定非営利活動法人格」内閣府取得
	4月	介護保険指定事業所取得 「24時間コンビニデイ」開設 「心のうろこ落としましょ」毎日新聞へ連載 「介護はプロに、家族は愛を」出版
	10月	山梨県上野原事務所開設
2001年	1月	「24時間コンビニデイ」の撤退
2001年	3月	ISO 9001 を「やわらぎ・にんじん協議会」として、また4事業(訪問介護、訪問看護、デイサービス、ケアプラン)で取得
	11月	「ホームヘルプサービスの危機管理」ビデオ企画編集(中央法規出版)
2002年	4月	「やわらぎ・にんじん協議会」研修センター開設
	10月	国分寺事務所移転、デイサービスセンターの拡張
2003年	4月	ISO 9001:2000年版への移行審査、拡大審査の認証取得
	8月	複合福祉施設(やわらぎホーム)開設

にんじんの会のあゆみ

1997年	8月	社会福祉法人にんじんの会設立 ケアステーションにんじん・立川（立川市高齢者訪問介護事業受託）
1999年	4月	痴呆性高齢者デイホームにんじん・神明（日野市高齢者デイホーム受託事業） 痴呆性高齢者デイホームにんじん・高幡（日野市高齢者デイホーム受託事業） 東京都指定2級ホームヘルパー養成研修を年に1回開催はじめる
	10月	立川市にんじんの会在宅介護支援センター受託
2000年	4月	介護保険制度の開始 **○立川市高松町を拠点として** 指定訪問介護事業《ケアステーションにんじん・立川》 指定居宅介護支援事業《在宅介護支援センターにんじん・立川》 立川市障害者訪問籠事業および立川市生活支援事業受託開始 **○日野市神明を拠点として** 指定通所介護事業《痴呆性高齢者デイホームにんじん・神明》 指定居宅介護支援事業《介護相談センターにんじん・神明》 **○日野市高幡を拠点として** 指定通所介護事業《痴呆性高齢者デイホームにんじん・高幡》
2001年	3月	ISO9001を「やわらぎ・にんじん協議会」として、また、4事業（訪問介護、訪問看護、デイサービス、ケアプラン）で取得
2002年	4月	「やわらぎ・にんじん協議会」研修センター開設
2002年	1月	**○日野市南平を新拠点として** 指定通所介護事業開始《デイホームにんじん・南平》
	2月	**○立川市高松町を拠点として** 立川市生きがい活動通所事業を開始《高松にんじんクラブ》
	5月	**○山梨県北都留郡上野原町を新拠点としてサービス開始** 指定通所介護事業《デイホームにんじん・上野原》 指定訪問介護事業《ケアステーションにんじん・上野原》 指定居宅介護支援事業《介護相談センターにんじん・上野原》 障害者デイサービスとして上野原町委託事業開始
	9月	指定居宅介護支援事業《在宅介護支援センターにんじん・南平》
2005年	2月	西恋ヶ窪にんじんホーム（特別養護老人ホーム）

注：両団体公開資料より，2002年までを掲載。
　▒▒ は，ケア・センターやわらぎとにんじんの会両方に関わる内容。

カルテ 3

名　　称	特定非営利活動法人ケア・センターやわらぎ（社会福祉法人にんじんの会との連携体制）
組織形態	特定非営利活動法人と社会福祉法人双方の連携体制
年間予算	やわらぎ：約３億2700万円　＊前年度比28.66％増 にんじんの会：約７億1760万円
収入内訳	やわらぎ：事業（介護報酬）78％、助成金４％、その他（寄附／会費含）19％ にんじんの会：事業43％、助成金56％、その他（寄附含）１％
支出内訳	事業／事務局運営費21％、人件費53％、通信（情報）１％、他26％
主　　な 活動内容	地域福祉の担い手として、介護保険、枠内外サービス提供、およびボランティア資格取得などの教育訓練事業
組織構成 (理事役員)	理事11名（うち代表理事１名）、監事１名、正会員10名
事務局の 担　い　手	本部事務局は有給職員、サービス提供者は有資格者、他はボランティア有志
特　　徴	特定非営利活動法人と社会福祉法人双方の連携体制（協議会）として月１回の連携会議（細分化されている日本の法人制度にあって、各法人格の機能不足または長所を相補に補完している） 徹底したクオリティコントロールによる質の向上 正社員は理事に準ずる位置づけとし、意思決定の効率、迅速性を確保 多数あるサービス拠点の事務業務の集中化やシステム開発
情報公開	両法人とも事業報告書、貸借対照表、事業活動計算書、役員リストなどを HP 上で公開

CASE 4

自立・自律と共生のコミュニティをめざして

CS神戸理事長　中村順子

◇NPOの可能性・おもしろさと現状

今日は、私ども『コミュニティ・サポートセンター神戸（以下CS神戸）』の経験を皆さま方に存分に伝えさせていただき、NPOがこれからますます面白くなっていく世界だということを実感していただければと思います。

NPOはこれから社会の中でますます大きく重要な役割を果たしていきます。NPOと株式会社の違いは利益の使途です。株式会社は株主や顧客に還元し、NPOは次の事業を通じるなどして地域や社会に還元する。つい先日の日経新聞に掲載された伊藤忠商事の丹羽会長の記事も同様の内容で、「企業はイギリスがインドに作った東インド会社が世界初の株式会社なので、歴史としては、まだ四百年で浅い。NPOは今はまだマネジメント力にも社会的信用にも大きな課題があるけれど、将来は株式会社を席巻するようなＮＰＯが活躍する時代が来るかもしれない」と言っています。日本経済の牽引役ともいえる方の記事に私たちも勇気づけられたことでした。

一方で、今のＮＰＯはマネジメント力も未熟ですし、まだ社会的な信用、信頼に欠けるのではないかというコメントは、現状を正確に捉えていると思います。今後、信用、信頼を得ていくためには透明性と情報公開が必要だとも。『ＣＳ神戸』はホームページに決算書類をすべて掲載するのですが、それぐらいのＮＰＯがどんどん出てきてほしいとも記事に書かれてありました。また、「ＮＰＯが単体で社会の中で伸びていくのには、まだまだひ弱な存在なので、企業が継続のために力を貸しましょう、支援しましょう」ということも言っている。一度にたくさんではなく、細く長く、少額でもいいから、長期的に支援をしていくような態度が企業に求められるということを、丹羽さんが記事の中で実にわかりやすく言っておられましたので、たいへん嬉しく、その記事を皆さんにも紹介させていただきました。

次に、日本の市民社会の担い手であるＮＰＯの状況についてです。ＮＰＯが日本で本格的に活動するようになったのは、ＮＰＯ法ができた一九九八年以降です。それから六年の間に特定非営利活動法人（以下ＮＰＯ）は全国で約一万四〇〇〇法人です。特定非営利活動法人は文字どおり特定の一七分野、保険医療福祉、社会・生涯教育、まちづくり、災害救援、国際協力、環境保全、子どもの青少年育成、経済活性、人権・平和などの分野で活動しています。現在のところ、社会福祉分野で活動する団体が非常に多く、その割合は約五五％にも達しています。

実は、私自身も個人的には福祉分野の活動を出発点に二〇数年このような活動をしています。『ＣＳ神戸』は法人格を取って六年になりますが、ますますこの世界が面白くなってきました。

政府・行政セクター、企業セクター、そしてＮＰＯを代表的な活動主体とする市民セクター。これらの三つのセクターが世の中で機能することで私たちは安心し、そして、安全に住めるような社会を構築しているわけです。面白いのは、政府・行政の公務員と企業の会社員、これら二つのセクター間では原則兼業が禁止されていることから、人材の交流はほとんどありません。ところが、市民セクターでは行政の人が私たちのＮＰＯ法人の理事になることもいっこうに構いませんし、企業の職員がＮＰＯでボランティアをしたり、スタッフになったりということもいっこうに構いません。それだけにとどまらず、ＮＰＯでは人材の出入りが自由で無限なのです。主婦、退職した方、就職していない若者、いろんな立場の方、あらゆるコミュニティに属する方が集まってくるのが、この市民セクターなのです。このなかで、私たちは多様な価値や文化に接することができる。これがＮＰＯの世界のとても面白いところです。

面白いのにもかかわらず、ＮＰＯがまだ、そんなに大きくなっていないのは、根拠であるＮＰＯ法ができて間がないこと、日本に市民社会という高度な文化がまだ構築できていないことがありますが、もうひとつ、ニーズとシーズの適切なマッチングができていないことだと思っています。

例えば指定管理者制度などはまさにそうです。行政改革の一環として今まで行政がもっていた公の建物を第三セクターではなく、民間の参画で管理できるようになるというものです。行政が直接行ってきたサービスを民間に移管していきたいという行政側のニーズがあります。企業の場合も、企業の社会責任（Corporate Social Responsibility、以下ＣＳＲ）という言葉が注目されています。ＪＲ事故の問題、雪印、耐震偽装の問題、いろんな意味で企業が、その倫理観を疑うような不祥事が連日起きています。このため、収益をあげることだけでなく社会に対して責任ある行動をとろう、という運動が企業セクターで盛り上がってきています。しかし、組織単体で自浄作用を働かせるということは難しいことから、市民セクターと連携することで、自浄作用を促そうという試みもあり、ここに、市民セクターとの協働が始まっています。

実際に『ＣＳ神戸』にも企業から、調査、協働事業などの打診が、この二～三年増えています。ＣＳＲだけでなく、企業は効率化のため、かなりの早期、四五歳ぐらいから人員整理が必要な状況です。早期リタイアを促されるわけですね。そういう方が何か地域の中で生きがいが感じられる仕事はないでしょうか、どうやったらＮＰＯが立ち上げられるんでしょうか、コミュニティ・ビジネスって何でしょうか、と『ＣＳ神戸』を訪ねてこられます。このように、市民セクターには、人・物・金・情報といった活動のための資源、シーズ、リソースがどんどん流れ込んでくるんです。しかし、社会的な適合、マッチングができていないのが今の社会の非常に弱いところです。そのマッチングを促進しようというのが私ども『ＣＳ神戸』のようなＮＰＯ活動の促進や支援を行う団体です。現場で活動をするＮＰＯの立ち上げや、ＮＰＯの活動支援を行うことから、中間支援組織という呼び方もします。中間支援組織が、社会にあるミスマッチを是正し、より高いレベルの市民社会をつくるという働きをめざしているということになると思います。

私たちがめざしているのは、税金を納めて、行政にやってもらえばいいじゃないか、あるいは、高い金額を払って、欲しいサービスを好きなだけ買って、稼いで、給料もらって生活していけばそれでいいじゃないかということではなく、自分の家以外のこと、家族以外のことといった公益的な地域の場面で、市民自身がもっと活躍し、社会の重要な一員として市民社会を築きたいということです。公益的な場面というのは、プライベートでないパブリックの場面と言い換えることもできるかもしれません。お任せ民主主義から、参画する市民社会をつくりたい、そう思います。

私は、震災で、コミュニティがハードも人のつながりといったソフトの面もすべて壊れた現実を目の当たりにしました。あの時に、どうすれば心から安心し、そして安全に住まうことができるのかという課題を叩きつけられたわけです。答えは、参加するということ。わが家のこと、プライベートなことだけではなく、公のことに参加をする市民をたくさん輩出することが、住んでよかったと思える社会につながるということを確信しました。

◆考える・判断する・実行する――『CS神戸』の理念と成り立ち

それでは、震災から一〇年の時間を経て私たち神戸は具体的にどのような手法でコミュニティを形成してきたのか、その背景としてNPOがどのように活躍をしてきたのか、『CS神戸』の取り組みを中心にご紹介したいと思います。

『CS神戸』が一番大事にしている理念、コアコンセプトは「自立と共生」です。自立というのは、自分で考える力があるということ、自分で判断する能力があるということ、そしてそれに基づいて実行する力をもつということ。考える、判断する、実行するという三拍子揃ってやっと自立なんだと考えています。震災の時も、すぐ動いた人は、自立性の高い人でした。普段、誰かの指示でしか動けない人は動けなかったけれど、普段から自分の頭で考える人は動きましたね。だから、自立した団体をたくさんつくりたいと思いました。

ところが、自立を突き詰めると孤立してしまうこともあります。何でも、自分でやってしまって、他の人を寄せつけない。これではいけません。どんな団体でも、どんな個人でも、必ず弱みがある、弱点がある、人の助けを借りないと生きられません。「人の生きる意味は外部にある」と養老孟司さんが言っていますね。「自分自身だけじゃない、外との関係ができた時に、やっと生きる意味がある」と。というわけで『自立と共生』、これを最も大切な理念にして活動を進めています。

『CS神戸』は現在JR住吉駅の駅前に事務所があります。この事務所に来るまでに、五回も場所を変えてきました。一〇年前、『CS神戸』の資産はテント一張りと携帯電話だけ。携帯電話も今のようなお洒落な携帯電話と違い、ホンマに大きなお弁当箱くらいの携帯電話。他には何の資産もありません。そのテントと携帯電話をもって四人の友人と、ボランティア・グループ『東灘地域助け合いネットワーク』という救援組織を立ち上げました。一九九五年一月一七日に大震災が起き、翌月の二月三日のことでした。それまで、私は高齢者ケアをするボランティア団体にいました。その団体は四〇〇名のボランティアがいるけれども、九八％が私のような主婦。そのため、震災で皆動けなくなったんですが私の家はキズもなかったし家族も無事だった。それだったら、私、やるしかない。そして、大阪の友人の力を借りて『東灘地域助け合いネットワーク』をたちあげたのです。

最初の仕事は水汲みです。ダンボールに『水汲み一一〇番』と書いて、水を届けますという活動から始めました。私は、あの日の午後から、それまでお世話をしてた高齢者、障がい者の家を回りました。どこもかしこも、一番困ったのが水です。飲み水より、生活用水です。トイレの水も流れません。髪を洗う水、食器を洗う水が出ない。水ほど大事なものはないとつくづく思いましたので、とにかく「水を配ります」という活動を始めました。大阪のＹＭＣＡのご協力をしてポリタンクと自転車を送ってもらいました。地元で活躍するボランティア団体ということで、多くの支援をいただき、仮設住宅支援など活動を続けてきました。翌年の九六年の一〇月に現在の『ＣＳ神戸』を立ち上げ、今日に至っています。

『コミュニティ・サポートセンター神戸（ＣＳ神戸）』という組織に変更したのには理由がありました。震災から一年半、私たちは震災で失くしたものを補う活動をしてきました。水がなければ水を配る。道路が壊れれば道路に代るように輸送手段になっていく。通院の介助だとか、自分でできないような生活の一部を手助けすることによって復興を支援してきました。震災から半年経って、暑い夏に避難所が解消されて、仮設住宅に移りました。

その頃、私たちは東灘区にできた二二の仮設団地のうち半分ぐらいを、連日巡回していました。巡回のなかで聞こえてきたのは、「物資をもっとぎょうさんもってきて」、「ボランティアさんにお昼つくってもらったらおいしかったから、夜ご飯もつくりにきてくれ」という言葉。自分でできるのに、要求が高まっていくさまを目の当たりにしました。こういう姿を見ていて、これでは本当の復興にならない。「せっかく生き残ったのだから、生き残った人が力を出さないと復興はできないでしょう」と誰かが言わないといけないとも思いました。私は地元の被災経験をもつボランティアとして、「いつまでも、甘えるんじゃなくて、あなたが地域のためにできることを、今度は逆に提案していこうよ。そのことで地域の元気を出していけるんじゃない」と問いかけることにしたのです。その時に、これまでの助け合いネットワークから中間支援組織機能の『CS神戸』に移行しました。『CS神戸』自身も事業を立ち上げながら、中間支援組織として「あなたが地域のことに対してできることは何ですか?」と、問いかけ続けることで地域のやる気を促してきました。

ここで一つずつ具体的な取り組みをご紹介していきたいと思います。

「くるくるコミュニティ・ビジョン」で、地域の皆さんに呼びかける際もこの図（図表1）を使っています。「くるくる」というのは循環の意味。例えば、人のもっている技術や能力や時間といったものが地域のためになっていくだとか、伝統文化を新しい若い人たちに引き継いでいくだとか、太陽光だと、陽の光がエネルギーになったり、堆肥になって食をつくったりだとか、形にないものが循環することによって、新しい価値や文化を育んでいく。この絵を見せながら、例えば、防犯とか、地域経済コミュニティビジネスの一環だとか、文化のことだとか、公園の管理だとか、自然生態系の里山保全など月に一回ぐらい、家のこと以外のことで、「何か地域のためにやりましょうよ」と問いかけています。こうして、呼びかけたり誰かが誰かを

図表1 『ＣＳ神戸』コンセプト

つないだり、場を用意したり、仕組みをつくったりしないと思いが形に育ちません。循環するまでにはなおのことです。

◆組織を支える多様なスタッフ

次に『CS神戸』の組織についてお話します。

『CS神戸』はNPO法人ですので、当然総会も開催しますし、理事会もありますが、理事数は最小限の数に抑えています。機動性をもって対応するためです。総会・理事会のもとに、法人本部と事業本部、いわゆる事務局があります。私は、その理事会の理事長であり、かつ法人本部の代表も兼ねています。法人本部では、地域調査・人材育成と社会実験的事業を実施し、事業本部ではある程度収支バランスが見込めるような事業に取り組んでいます。例えば、JRの駐輪場や区民センター小ホール、指定管理者制度による施設運営といった事業です。法人本部では常に三〇ぐらいの事業を実施し、事業本部は現在五事業を実施しています。また、昨年まで本部で会計を担当してくれていた人が今年独立し、NPO会計センターとして『CS神戸』とは委託契約を結び、活動してくれています。会計支援だけに特化し、より幅広くNPOの会計支援にとりくむための独立で、二〇から二五ぐらい支援先が増えています。

法人本部は事業数が多く多忙極まりない状況ですが、専任スタッフ三名の体制で、事業本部

図表2　『CS神戸』組織・事業図

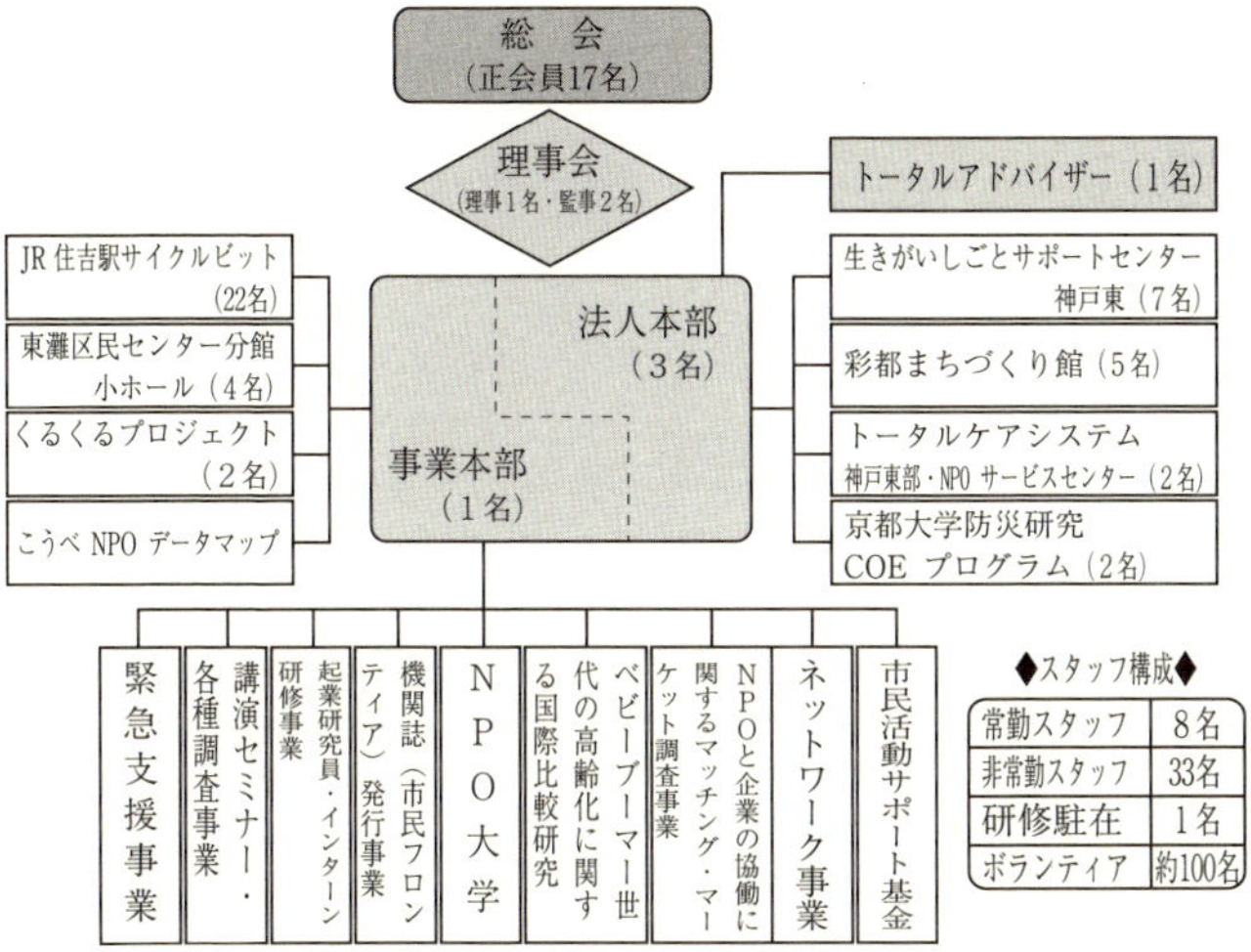

は二名の体制に常勤スタッフが一一名、非常勤三一名が加わって運営しています。ここでいう常勤スタッフとは週五日以上働く人のことで、非常勤は週四日以内の方をさします。また他にボランティアが一〇〇名ぐらいいます。常勤スタッフの年収はだいたい二〇〇万から二五〇万ぐらいです。事業本部長は元ワールドというアパレルの会社で総務部長をしてた方なのですが、五〇歳で退職されて『CS神戸』に来てくれました。年収は四分の一になってしまったとのことですが、生きがいがある仕事がしたい、宮仕えはもうええといって、『CS神戸』の起業研究員制度で半年間勉強された後に、プロジェクトを担当され、その後事業本部長になってもらったという物語があ

ります。

このように様々なスタイル、時間帯で仕事をする方たちによる活動ですので、給与や交通費などの支払い方にも工夫をしています。非常勤の方は日給と時間給があり、時間給でいうと七〇〇円から千円ぐらいの間です。その方のライフスタイルを中心に週三日とか四日とか、あるいは、午後だけとか、様々な働き方があります。ボランティアの人も有給スタッフの周辺を取り囲むようにいてくださってますが、これも多様で、交通費片道の人、だんだん慣れてくると、「じゃあ、往復ね」といって、交通費往復の人、昼食だけの人、昼食と往復交通費の人など様々です。これもボランティアの方の希望とこちらの要望とを付き合わせて話し合いながらやっています。こうしたきめ細かい工夫と双方の理解で組織全体が動いています。

中間支援的な事業の状況についてですが、これまでに七〇余のグループを支援してきました。支援の方法は、「相談、コンサルテーション」、「共同事務所や場所紹介」、「独自の助成金制度」の三つの方法ですが、グループによっては一部だけのサポートもあります。数ヶ月から一年程度のサポートの後、自立・自律的な団体になることを目標としています。すべて独立した運営をされておりますので、人事の交流もなければ、お金の関係もありません。『CS神戸』とは情報交換をするぐらいですが、「困った時は、いつでも来てね、そんな時は私たち全力で支援するよ」という感じのさわやかでゆるやかな関係です。

『ＣＳ神戸』は、この三～四年の間、年間予算だいたい一億円規模で動いています。ですが同じ事業で一億円に達しているかというとそうではありません。だいたい三割ぐらいの事業が一年ごとに入れ替わるという感じです。三～四千万円が入れ替わるわけですね。ですから、三年先、四年先の仕事の仕込みをすることも大事な仕事のひとつです。多くの事業は一、二年前から調査などの準備をして事業化していくことになります。ですので、先の仕事のタネをどんどんつくる必要がある。受託事業の場合、期間は長いものでも三年ぐらい、多くは一年か二年ですから、次々と準備をする必要が出てくるわけです。自主事業も受託事業も地域に必要な新しいタネを見つけ、それを仕込みにかけて芽が出るようにする。これがＮＰＯのリーダーの仕事の重要な部分ではないかと思っています。

◇『ＣＳ神戸』の直轄事業

次に『ＣＳ神戸』の事業本部による事業の内容についてです。五種類の事業を実施しています。

一つ目は行政施設の管理運営です。二ヶ所の運営を請け負っています。一つは神戸市東灘区民センター小ホール。ここは、二五〇人程入る、三階建てのホールですが、古典的で古さがいい雰囲気の建物です。年間一千万円程の事業経費で、地元の方から五人を採用しました。二ヶ所目は「わかばサロン」。これは財産区からの委託で三〜四万人のコミュニティの方々が自由に使えるサロンです。特別地方行政区という古く伝統的な団体と、最も新しいＮＰＯという組織の組み合わせが大変興味深く、お引き受けした事業です。両方とも管理を受けた時点では委託でしたが、今年指定管理制度に移行することになり、二ヶ所ともコンペに参加し、結果を待っているところです。ＮＰＯが公共施設の管理運営を担う場合、建物の管理だけなら意味がないと考えています。地域の中にどれだけ新しい文化を創造できるのか、ここがＮＰＯらしい仕事だと思っています。ですが、このらしさについては行政はほとんど評価をしていません。東灘の小ホールは、年に二回、私たちが自由に企画を実施してもよい日があり、そんな時に『ＣＳ神戸』が地域にとって大事だと思う活動を実施しています。地域の団体の掘り起こし、新たな人材の交流など、このホールの新しい役割を模索しているところです。

次が駐輪場事業。この事業は今年の八月にコンペで受託した事業で、今後四年間続きます。神戸市には三〇いくつの駐輪場があり、そのうちの三ヶ所にＮＰＯ法人等が参入しました。不法駐輪がいっぱいあって、目の不自由な人がほとんど歩けないような駅前の道路ではかないません。安全な道路を整備するために自転車を預けてもらう必要がありますので、そういうことも含めて、町の美化、安全道路ということで取り組むことにしました。以前からこうした提案を行政に行っていましたら、駐輪場が指定管理制度に移行することになりました。神戸市の場合は、それぞれの担当部局によって指定管理のやり方が違います。駐輪場は道路管理部と一緒にやっています。硬いハード物ばかり扱ってきた部署なのでなかなか話が上手く進みませんが、押したりつついたりしながら、新しい価値づくりに努めようとしています。

　次は発電所です。発電所ももっているんですよ。震災時に環境のことも考えたいと思いました。化石燃料だけに頼っていいの？　CO_2をこれ以上出したらどうなるの？　そんな問題意識のなかで、環境をもっと考え、若い人や子どもたちにその大事なことを伝えようという思いで二〇〇一年に太陽光パネルの発電所をつくりました。五キロワット、家二軒分の発電量がございます。四メートル八メートルの立派な発電所で、一千万円かかりました。これは、経済産業省の外郭団体から四百万の補助金と、市民の寄附が一四〇万ぐらい（一口三千円ぐらいの寄附を集め回った金額）、それから、企業などの寄附を集め回って実現しました。裏側には、生態系がわかるような緑化ゾーンも設けていて、子どもたちが見学に来たりして、環境の勉強もできます。そういう環境教育と、環境の商品開発事業を実施しています。生ゴミから堆肥をつくるのに動力が要りますが、その動力源に太陽光を使ったり、水を水素と酸素に分解をして、水素を燃料電池化し、動力源にしていくという実験もしています。私たちだけではなくて、ものづくりのほうは、中小企業と協働し、研究機関と企業家とＮＰＯが一緒になって発電所の活用をしています。何も利益を上げていません。が将来、このままではCO_2問題など地球に大きな負荷がかかるし、リスクを背負うことになる。将来のリスクを今どれだけ防いでいくのかという社会実験事業として行っているところです。

次は、コミュニティバス事業。神戸の町は六甲山のキレイな山並みに住宅がへばりついて建っていますね。山の手の住宅は若い時はいいのですが、七〇歳、八〇歳になると住みにくい町になります。場所によってはバス停から家まで二〇分歩かなきゃいけないような団地も結構あります。そういう団地から「何とかバスを走らせて」という相談を受け、一昨年前に半年間かけて実験しました。「バスを走らせても、皆さん本当に乗るの?」お金払ってもらう実験は「一回、市バスと同じ料金二〇〇円払ってね」。結果、一ヶ月に一万三〇〇〇人の人が乗られまして、収入が二三〇万円。それでバスのレンタル料はまかなえました。この実験結果をみてバス事業者も採算ベースにのる見通しが立ち、今年の一月から実際にバスが走り出しました。朝の六時半から九時まで、一時間四本、一五分おきに、住吉台という団地と住吉駅を直行で結びます。団地から駅まで七分ですから、団地の方は大喜びで、現在毎日九五〇人が乗り降りし、今や黒字になっています。行政のお金を一銭も使わずにコミュニティバスが走った珍しい事例として注目されています。ここで重要なのは利用者の意識です。実際に走り続けてもらうには、乗車しなくては収支が合いません。住民の人たちは、そのコミュニティバスを走らせる事業の応援団をつくって、「七五歳になったら免許証ほかして、みんなでこれに乗ろうね」とか、「定期をみんな買おう」という運動をしております。現在ではしっかりしたコミュニティビジネスになっています。

次が、大阪の茨木市の奥に都市再生機構と阪急により開発されたまち、彩都でのコミュニティ形成事業です。去年の四月にまち開きがあり、それから一年半経ちました。計画人口は三万人なんですが、現在、二千人の人が住んでいます。従来であれば、山を削り、造成し家を建てて売れば終了の宅地開発ですが、二一世紀のまちはそうではない。住人がどれだけそのまちに愛着を感じ、参加してまちを育てていくのか、それを実現するための手法が必要です。ですが、従来のディベロッパーにはそういうノウハウがないことから『CS神戸』に要請がきました。『CS神戸』の起業研究員で茨木市在住の方をリーダーに、住民の方など合わせて五人の体制で、コミュニティづくりを手がけています。三年から四年の期限つきで、ゆくゆくは住民の人たちに、その機能を担ってもらうものですが、コミュニティをつくるという非常に難解な仕事です。私たちがどんなコミュニティを考えているかというと、自治会のようにエリアで区切られた宿命的なコミュニティが基本ですが、エリア単位、世帯による構成のコミュニティに加えて、テーマで結び付くコミュニティ。例えば、高齢者、子育て、文化、といったテーマごとの様々なコミュニティをエリア・コミュニティの上に被せるようにして、コミュニティを二層制にする。それが最も強いコミュニティではないかと考えています。すでに、エリア単位の自治会はもとより、テーマ型のコミュニティである、シニアサークルや子育てサークルが育ってきていて、住民参加の大変活発なまちになってきています。

次の事業は、トータルケア・システム事業です。これは三年前から準備をしてきたもので二〇〇六年の四月にスタートします。二〇〇〇年から介護保険が始まり、二〇〇六年からは地域包括支援センターが中学校区に一ヶ所程度整備をされます。介護保険制度では六五歳以上の第一号被保険者が受けることができるサービスレベルは要支援と要介護一から五と六段階あります。このうち、要支援と要介護一、軽い程度の利用者が増加し、介護保険の財政の圧迫につながっています。このため予防に力を入れる方針が出されています。介護保険制度の枠の外、介護保険分野の方に言わせると「不適切事例」ですが、利用者からすると、生活に密着した、掃除や外出、ゴミ出し、草抜きなど、これらのニーズは切実です。これらはＮＰＯが日常的に取り組んでいるニーズでもありますが、地域包括センターの方々がＮＰＯにつなごうと思っても、どのＮＰＯにつなげばよいかわからない。各々の団体がどんな活動をしているのかはＮＰＯ側が思っている以上にみえていないわけです。そこで情報をつなぐためのＮＰＯサービスセンターを『ＣＳ神戸』が二〇〇六年の四月に立ち上げることにしました。サービスセンターは現在のところ、介護保険分野に限定していますが、二年後あたりに事業所にある不要な資材とＮＰＯを結ぶマーケット形成のための準備も始めています。

◇『CS神戸』を通じて立ち上がったグループたち

今からご紹介するのは、「あなたはまちのために何ができるの?」との私たちの問いかけに対して、「これができる」と応じてくれた人たちの活動についてです。七〇あるうちのいくつかをご紹介します。

最初にグループが立ち上がったのは、九六年です。企業を定年退職したリタイア組による『パソコン・グループ』です。運営しておられる教室では一対一で各人ごとのプログラムで教えてくれます。習いにくる人は高齢者か主婦が大半で、まずはパソコンに慣れたいという方々ですので、教える側にもプロの資格など不要です。ちょっとできれば充分です。そのかわりに、安く、各人に応じたことができるんです。リタイアメントの方々も地域での足場ができたことを喜んでおいでですし、とりわけご家族、奥さんたちが喜んでいますね。「旦那がぬれ落ち葉にならずに、地域に出かけてくれた。しかも、お小遣い渡さんでも、お小遣い儲けてきてくれる」これが非常にいい。その人の技術も活かされる、受ける人も喜ぶ、ここは年間五〇〇万ぐらいの事業高で動いているんですけど、お小遣いも入るということで、三方よしです。これがコミュニティビジネスの面白いところです。教室用のパソコンなんかも買う必要がなくて、NECやIBMなどにお願いすると中古のパソコンを譲ってくれます。そういう資源の再利用をしながら、人がもっている技術も活用する。それで、皆が喜ぶ。

次は『あたふたクッキング』。立ち上がったのは九七年。この人たちは震災の時に、私どもの救援組織に焚き出しをしてくれていた近所のおばさんたちです。当時二〇人ぐらいが毎日毎日、五〇人ぐらいの食事をつくってくれた。それが一年ぐらいしてやめようかなという時に、「せっかく培ったノウハウだから、お弁当屋さんしようや」ということで『あたふたクッキング』という配食グループをつくりました。月曜日から金曜日まで昼食弁当をつくっています。このお弁当はデイサービス・センターや家から出られないお年寄り、私たちのようなNPOの事務所に届けられます。ここも年間四〇〇万円ぐらいの事業高です。今、一四名の人たちが毎日、三名でローテーションを組んでお仕事をしています。八時半から一一時ぐらいまで仕事をして、一日一回の出動費、活動費が千円だけです。千円と交通費と、その日の昼食の現物支給、それで何とか一〇年近く続いています。一四人の平均年齢は七〇歳です。最高年齢の方は八〇歳。一番下で六二～三歳です。これもまた、コミュニティビジネスの面白いところですが、歩いていけるところ、身近なところに自分が生きがいに思えるような仕事があること。何が生きがいかというと、無添加で安全な食材を使ってお弁当をつくり、地域の自分と同じような年齢のお年寄りが食べて元気が出る。これが一番生きがいですよね。また、この方たちは平均年齢七〇歳を過ぎましたけど、シングルの女性が多いです。作業の日が本当に待ち遠しい、仲間ができ、一週間に一回、ここへ来るのが楽しい。若干ですが、お小遣いもできる。それで温泉に行けたり、孫にお金を渡したりと、いくつものメリットがあって、いまだに続いています。こういった給食グループは小学校区に一ヶ所ぐらいあっても多過ぎません。食べることを基本に人間は生活のリズムがつくられますので、食べることの支援というのは必ずコミュニティビジネスになります。

次のグループはデイサービス『デイステーションたるみ・ともの家』です。介護保険を受けるまでもないけれども、見守りが必要な高齢者がたくさんいます。介護保険を受ける人は六五歳以上の二割弱です。あとの八割はお元気なんです。その八割の方の元気と自立をどれだけ持続させるのかがＮＰＯの仕事ですが、『デイステーションたるみ・ともの家』では自分の家のように、また、友だちの家に行ったように過ごす。ここには何のプログラムもありません。だから、朝から一緒に玉ネギの皮むいたりジャガイモむいたりして、自分らの昼食のお手伝いをしたり、ホントに自由に暮らしていますので、誰が利用者かボランティアかわからないでしょう。このように、地域の中で気兼ねなく行けて、ほっこりするようなことを多くのＮＰＯがやっています。こんなグループのお手伝いを、神戸市内で二〇団体ぐらい立ち上げたかと思います。

次は子どもの支援、子育て支援をしているグループです。認可保育園というのは、ちょっと病気になったら行けないとか、障がい児は入れないなど、行政の補助金をもらうぶん規制ばかりで、レアケースには対応ができないという壁があります。このグループは認可に関係なく自由にやっています。障がいのある子どもも来ていますし、ちょっとした病気の子どもも来ています。また、この団体は地域との連携を図りながら、子育てを地域ぐるみでやっていこうと、イモ掘りも、地域の老人会がいっせいに手伝ってくださっています。

次は、さびれた市場で元気のいい若者がハワイアンキルトと着物のリフォームの店を始めた例です。今は着物のリフォームのオーダーがたくさんきて、私もこの間頼もうと思ったら、「半年先になってもええ?」と言われたぐらい流行っています。このレトロなところで新しいことをするところが面白いらしいですね。東灘区の岡本にあるのですが、この店の看板をつくったおじさんもＮＰＯの人です。里山保全をしたり、間伐材で犬小屋作ったりしているおじさんです。この人は六〇歳で定年退職してから、ハローワークから、テクノポリスセンターで木工コースに行かれて、活動を始められたのはそれからです。それまで全然関係ない会社に勤めておられたのに、めきめきと腕を上げて、この店の改装もこの看板もつくりました。非常に安くやってくださるのでＮＰＯや地域でひっぱりだこです。

次は、朝の七時から九時までたった二時間だけ開いている喫茶店です。高齢者の生活は朝が重要なんですね、朝の元気をどれだけ地域から、あるいは友だちからもらえるのか。それによって、一日とてもよい気分で過ごせます。まだ、月に二回の実験的なレベルですが、あちこちに増えてくれたらと願っています。グループホームの一階を借りてやっていますが、隣に市営住宅がありますので、いつも二〇人か二五人ぐらいのお客さんが来ます。トーストと卵とコーヒーで二〇〇円という早朝喫茶です。

文化のグループもできました。『颯爽ジャパン』というよさこいチームです。この人たちは演舞であちこち呼ばれたり、教室も開かれたりで、結構な事業高になり、大変活発になってきました。

◇中間支援組織としての役割

冒頭でＮＰＯの醍醐味は多様な属性をもつ人々、文化、価値観に触れながら取り組めることだということを申しました。これがＮＰＯの一番面白いところです。こうした多様な属性の人材、多様な文化・価値観の交流の究極は事業を通じて図られるわけですが、それだけではなく意図的に様々な機会をつくるよう心がけています。例えば、『ＣＳ神戸』では月一回夜七時から一〇時ぐらいまで、千円で食べ放題、飲み放題の交流の機会を設け、いろんな人を紹介をしたり、仲間がいない人の仲間づくりをし人のつながりをつくっています。みんな遠慮なく、楽しい交流の場です。こうした機会を重ねながら、その人がやりたいこと、かつ、地域のニーズに合ったことをマッチングさせてひとつの事業体にしていくわけです。仕組みとして交流の機会を創出することは中間支援組織の重要な仕事のひとつだと考えています。

新たな枠組みの提案も大事な役割です。定年退職間近の方々に、「会社退職したら、地域に来て活動してね」と言うと、「地域って町内会や自治会のことでしょう。大変そうで嫌だなあ」という答えがすぐに返ってきます。こんな時「自治会のエリア、ボランティアグループのエリア、そしてNPOのエリア、三つのエリア」といった考え方について、お話しします。たしかに基本になるのは、近隣の町内会、自治会という単位です。しかし、町内会、自治会という仕組みは、まずそこに住んでいないといけないということが条件づけられること、次に、これだけ個人が単位になった社会になりつつあるのに、構成要素が世帯単位であることの二つの問題があります。でも、果たす役割はあります。防犯やゴミの問題は自治会にしかできませんね。ですが、自治会の場合、行政からの連絡通知への協力、地元合意の形成等々、行政との関係はついてまわりますから、自治会は行政からの協力要請に関わることや防犯とゴミのことといった最低限のことだけをする組織と割り切ることが重要ではないかと思います。行政が自治会に期待しているような、徒歩圏内での高齢者、子ども、といった課題はボランティアグループが担い手になる。徒歩圏内のお食事会や本の読み聞かせ活動などであれば、たいそうな事務所やその機能がなくても顔の見える関係の中だけで十分取り組むことが可能です。そして、こうしたボランティアグループのサポートや、事務所をもち、広域で機能的に動く必要があるようなこと、生活文化圏レベルのことはＮＰＯが取り組むというふうに整理することもこれからの課題です。

『ＣＳ神戸』ではスタッフ、ボランティア合わせて一五〇人ぐらいで仕事をしておりますけれども、地元から歩いてくる人がいる一方、半分以上は電車で二駅三駅のところから通ってきています。顔がさすエリアコミュニティではないので、しがらみや遠慮なく活動できること、事務処理に適した事務所があること、事務局機能をもち、組織的にも機動的に動ける環境を整えていること、などが少しはなれたところから通ってこられる方にとってのＮＰＯの存在意義といえそうです。近隣や徒歩圏エリアではないけれど、あまり遠すぎる場所ではない、いわゆる生活文化圏。習い事をするとか、映画を見に行くとか、三万円以上の買物をする圏域、ここを領域にしているのがＮＰＯだと思います。地域というものを近隣自治圏、徒歩圏、生活文化圏くらいの三つの範囲に整理して捉えるとわかりやすく、活動もしやすくなりますので、自分のライフスタイルに応じて三つをうまく選び取っていただいたらいいと思います。例えば、「定年退職したら、すぐ、隣の町のＮＰＯに行ってください」。そのうちだんだんお年を取られたら、家に近寄ってきて、「七〇歳を過ぎたら自治会、町内会のことはどうですか」とお伝えしています。

『ＣＳ神戸』ではこれまでにご紹介したトータルケアシステムのように、仕組み、システムを構築することと同時に、固定観念にとらわれたり、情報不足で身動きできなくなっている方々に、必要な課題に取り組みながらも心地よく過ごせるよう、そのための考え方、新たな枠組みを提案しています。また、活動のための処方箋に至るまでを提案し、ニーズとシーズのマッチングを促進し、社会資源の過不足を調整することが中間支援組織の重要な役割だと心得ているところです。

◇ＮＰＯと経済活動

最近コミュニティビジネスという言葉をよく耳にされることと思います。コミュニティビジネスというのは行為の呼称、一方、ＮＰＯは責任主体の一形態を表すものと理解するとよいと思います。大規模に資本を集めて営業展開する大企業に対して、身近な地域を範囲とし、その地域にどれだけ貢献できるのかに重きをおいたビジネスのことをコミュニティビジネスと呼んでいます。地域の人をどれだけ採用しているかとか、得た利益をどれだけ地域に還元しているかといったことが重視されます。地域の課題を解決するために、ビジネスの手法を使って取り組むという側面がありますので、ＮＰＯがコミュニティビジネスに取り組む例は多い。コミュニティビジネスの主体の約六割がＮＰＯだともいわれています。他の主体として個人、協同組合、有限会社といったものがあげられます。

◆コミュニティ全体の幸せをめざして

最後にNPOの役割について三つお話しします。私は、震災後に一〇年間、それ以前を入れると二〇年近く、この市民セクターで様々な経験をさせていただきました。その経験からですが、NPOを立ち上げる方で、自分が一旗上げて儲けようと思って始める人は、まあないといえると思います。もちろん、一人、二人はいましたけれど、滅多にいません。身近なところに問題があって、自分としてはどのように解決しようか、というのが発想の原点です。

企業のマネジメントでは「Plan（プラン）」「Do（ドゥー）」「Check（チェック）」「Act（アクト）」というサイクルが原則としてよく使われますね。ですが、NPOの場合は「計画」ではなく「実行」から始まるのが特徴だと思います。いつも世の中のこと、地域のこと、身近な人たちのことを見ているんです。そして、「お婆ちゃんが困っているな、そしたら、食事のことを皆でやりたいな」とか、「子どもを集めてなんかしようかな」とか、「川が汚れてきたから、きれいにしようか」とか、いろんなことをアクト、実行しながら、そこに見つけた不便や不満、不足を解決するためにプランを立て、そして実行する。「ドゥー」さらにチェック、評価をし次につなげるといったサイクルです。多くの企業のように、パソコン上で、何によって儲けるかを動機とし、儲けられる地域から始める、といった手法は取りません。生活者の視点をもち地域を見回しアクトからスタートする。ここが一つ目の役割です。

二つ目が「協働」です。日本語の「きょうどう」には生活をともにするという意味の「共同」と、一緒に作業に取り組むという意味の「協同」、そして、共通の目的のために、異なる主体がともに取り組むことを意味する「協働」の三つの「きょうどう」があるといわれています。近大の久先生によると「共同」はリブ・トゥギャザー、「協同」はワーク・トゥギャザー、最後の「協働」はタスク・トゥギャザーです。こう理解するとわかりやすいですね。NPOにとって重要なのは最後の「協働」。日常の活動方法や分野は異なっていてもある目標について は一緒に行う。タスク・トゥギャザーであること。これが二一世紀型の「協働」なのだと思います。NPO、行政、企業と異なるセクターの人たちが共通の目標を達成するために、共に取り組む。自治会とNPOなど違った主体ではあるけれども、住みやすい地域、社会をつくりたいという共通の目標に向かって、課題を達成していく、難しいけれど、実施すれば爆発的なシナジー効果が発揮される、こんな「新しい協働」の時代がきていると思います。異なる主体をつなぎ、中核を担っているのがNPOといえます。

三つ目が公への市民参加の促進です。自分だけのこと、家族だけのことではなく、世の中のことにも参加しようということです。震災で私の家は残りましたが、なんにも幸せではありませんでした。やっぱり、地域の皆が同じように幸せな暮らしができていないと幸せとは思えません。ですから、コミュニティの幸せと、自分の幸せはコインの裏表です。そんなことを三層いずれかの地域に参加して日常的に実践しようじゃないかということが、私が一番メッセージとして発信したいことでもあります。冒頭にご紹介した『くるくるコミュニティ』の図もそんなメッセージを表現しています。あなたの興味のある分野で月一回でよいから地域に関わってみませんか、と訴え公に参加する市民を増やすことが三つ目の大切な役割ということをお伝えして、私からのご報告を終わります。

講義解説④　**CS神戸**

地域のアクトタンク（社会実験場）

（講義解説・年表・カルテ作成：末村祐子）

二〇〇二年の内閣府の調査では中間支援型NPOは全国に二〇〇団体ほどあるとされています。中間支援NPOは新たなNPO創出の支援やセクターの強化を目的としたもので、アメリカの場合、資金提供団体やマネジメントなど専門性をもつ団体、特定分野の情報に長けた団体などがその役割を果たしており、日本でも中間支援機能の重要性が指摘されて以来設立が相次ぎました。しかし、日本では資金、知識、専門性、情報といった資源をもつ団体ばかりではなく、NPOセクターにおける中間支援NPOの財源は非常に限られていることから、設立したものの中間支援NPO自身が存続できなくて活動を停止する例なども発生しています。

　そんな環境でありながら、数張りのテントだけから始まった『CS神戸』は中間支援組織としての機能を十分に発揮しつつ成長している数少ない中間支援NPOです。そのキーワードはアクトタンク機能の発揮。震災で得た経験を基礎に、数々の社会実験的事業を展開。効果的な方法論について試行錯誤した結果をまとめ、将来の社会システムに組み込める要素を抽出し、すぐに既存システムに追加することで機能するものは事業として実社会に渡していく。コミュニティバスの例などはまさにその典型です。『CS神戸』がアクトタンクとしての機能を発揮できる要となっているのは、事業立案力の高さと実践力。理事長の中村順子さんは講義において次のテーマの設定や準備を「仕込み」と表現されていて、理事長の大きな仕事のひとつとも紹介してくださっています。『CS神戸』の一〇年の事業履歴をみれば、テーマの設定、マーケッティングレベルの事業実施から社会実験レベルへの移行の様子がよくわかります。

コンセプトは自立と共生

阪神・淡路大震災の経験から私たちは、自然災害からの復興には、個別の事情の違いがあり、実に様々な段階を経ることを学びました。被災直後はとにかく助ける、これだけでよかったものが、時間が経つにつれて変化していきます。そのひとつが、講義でも触れられた「自立の気持ちを促すことの必要性への気づき」でした。

『CS神戸』は『東灘・地域助け合いネットワーク』を母体に分割独立した団体です。『CS神戸』の発足から六年半ほどをまとめた「コミュニティ・エンパワーメント」という記録を読むと、これまで訪問を続けながら取り組んできたケアでも役に立っているわけだからこのままでよいではないか、という考えと、それだけでは自立につなげることができない、という二つの異なる考えを、中村順子さんをはじめとする当時の主要なメンバーがどのように解消し、成長につなげてきたかがわかります。もし、一つの組織の中で二つの全く異なる基本姿勢を共存させようとしたら、組織は内部で自己矛盾をはらんでしまい、今の『CS神戸』はなかったでしょう。また、もとの組織を廃止しても、活動の原点を失うような喪失感が残ります。NPOの運営上の原理ともいえそうですが、様々な段階を経ながら、分割したり徐々に調和させていく能力が求められます。しかも、うやむやのなかでではなく、説明ができ高い透明度を保ちながらのことですから実に高度な能力です。

こうした調和への心がけの末にめざしているのが「自立と共生のコミュニティ」です。『東灘・地域助け合いネットワーク』と『CS神戸』の例は、取り組みについての基本姿勢と方法論に端的な違い、つまり組織の使命そのものの違いでした。ある程度動きやすい環境が整ってしまうと、既存の活動では実現しないと気付いても、別の方法論を試みることをあきらめてしまう、そんな例は枚挙に暇がありません。異なる使命を果たすための活動基盤をそれまでの取り組みを無にすることなく形成する。この部分をあきらめずに展開していくことが、成長するNPOの絶対条件であることを教えられます。

即断即決の経営陣と多様なボランティア

『CS神戸』が幅広く多数の事業を展開していることは、掲載の資料からもおわかりいただけると思います。これだけの事業を本部事務局有給常勤職員一一名、非常勤二九名（契約形態は多様）、ボランティア有志約一〇〇名の体制で展開しています。地域を基本に考えると、様々な時間帯、量、分野での仕事を成立させることは可能で、個別事業の実施は契約形態の多様な非常勤職員と、経費の保証状況（例：交通費片道など）も多様なボランティアによって運営し、職員が組織上の管理などを補完するという関係です。先ほど、団体の歩みという点でもNPOには段階ごとの調和が重要であることを述べましたが、働き方、参加の仕方という点でも同様です。

このような多様な参加形態を可能にするための組織上のルールづくり、事業展開などは、理事の意思決定の下に進められます。『CS神戸』の運営上の特徴は、日常の意思決定に責任をもつ理事は最小限の人数にとどめ、迅速な意思決定を可能にしている点です。また法人上のメンバーとなる社員（通称・正会員。職員の意味ではありません）の数も正会員数を最低限にとどめることで、総会における意思の疎通も極力図りやすくすることをめざし、『CS神戸』への関係者の意見の反映は主に事業の展開を通じて行うという方法を試みています。アクトタンクの運営に適した方法ともいえ、今後の成長の段階に応じ、運営形態も変化していくものと思われます。

卓越した資源の再構築力

『CS神戸』の収入の七割は事業受託に拠るものです。NPOというと、会費、寄附が特徴ある収入の筆頭にあげられますが、会費と寄附は集めるために大変なコストを要するものです。特に法制度を含め寄附への社会基盤が整っていない日本では、地域ベースのNPOには至難の業ともいえる作業です。

期間を限定した社会実験的事業の多い『CS神戸』の場合、労力とコストをかけて会費や寄附を募るのではなく、行政や企業など既存セクターの事業を受託し、その上で、他団体とは異なる専門性を発揮する方が、より使命の実現に効果的ともいえます。例年若干の割合の違いはあるものの、資金構成としては事業受託費が重きを占めています。委託する側は、『CS神戸』に委託することで様々な既存の方法論を新たなシステムに再構築し、成果をあげる『CS神戸』の資源再構築力に期待しているものと思われます。

CS 神戸のあゆみ

1980年代	現理事長の中村順子氏が1982年設立の地域助け合い活動（神戸ライフ・ケアー協会）に参加
1995年1月17日	阪神・淡路大震災発生
1995年2月3日	「東灘・地域助け合いネットワーク」として震災救援活動開始
1996年10月	震災から1年半を契機に、ケアを中心とした「東灘・地域助け合いネットワーク」から、自立と共生へのコンセプトの転換のため、別組織として、中間支援団体「CS 神戸」を発足
1996年	市民防災研究会開催 市民活動支援システム開催 グループ名鑑「兵庫市民人」'97発行
1997年	バージョンアップ講座（NPO・ボランティアの日常的課題解決のための自主研修）実施 NPO マネジメントスクール（NPO 大学）開講 生活支援ネットワーク実施形態調査・さわやか街角支援事業（被災地仕事開発） 市民参加型福祉日英交流プログラム実施 市民活動広場開催
1998年	NPO 市民工房事業実施 復興公営住宅自治会交流事業 市民福祉団体全国協議会 他各種研修事業実施
1999年4月	特定非営利活動法人化
1999年	ボランティア・CB 相談事業 市民社会研究会開催 神戸ふれあい工房開設 オアシスプラン（第一次バリアフリーマップ調査、第二次高齢者介護に関わるボランティア団体調査、第三次生きがい対応型デイサービス事業実施）＊緊急雇用対策事業への企画応募 サステイナブル・コミュニティ研究会開催
2000年	NPO 起業相談 市民発電所研究会 長寿社会研究会 甲南 NPO ワークセンター開設

	魚崎わかばサロン開設 地域通貨研究会 生きがいしごとサポートセンター(ワラビー)事業受託(兵庫県) 東灘区民センター小ホール管理業務受託 魚崎くるくるプロジェクト コミュニティビジネス研究会 独居老人配食事業実施
2001年	西宮いしざい団地の支援事業 太陽光市民発電設置事業実施
2002年	東灘地域通貨支援事業実施 くるくるガイド養成事業（太陽光発電の案内ボランティア育成）実施 こうべ地域協同推進フォーラム開催→地域包括トータルケアシステム研究事業へ発展 こうべ NPO データマップ作成事業（NPO 団体調査と WEB 上での MAP 作成）実施
2003年	大阪府「彩都」まちづくり支援事業開始 地域包括トータルケアシステム研究事業開始 勤労者ボランティア支援事業 7年誌「コミュニティエンパワーメント」発刊
2004年	生きがいしごとサポートセンター神戸東事業再受託（兵庫県） 白いリボン運動事務局 神戸指定管理者制度研究会開催
2005年	JR 住吉駅前自転車駐輪場管理運営業務(サイクルピット)開始 マッチングマーケット調査 NPO・JR 事故支援ネット事業参加（JR 福知山線事故被害者への支援事業）
2006年	神戸東部 NPO サービスセンター開始（トータルケアシステム研究会成果） 10年誌 DVD 発刊

注：▒▒▒ は組織全体の事柄。
出所：CS 神戸資料より作成。

カルテ 4

名　　称	特定非営利活動法人コミュニティ・サポートセンター神戸
設立過程	1995年2月3日　「東灘・地域助け合いネットワーク」として震災救援活動開始 1996年10月　中間支援団体として「CS 神戸」発足 1999年4月　特定非営利活動法人化
組織形態	特定非営利活動法人
年間予算	約1億1280万円（2005年度）
収入内訳	助成金6％、会費・寄附金2％、自主事業15％、受託事業70％、他7％
支出内訳	支援事業1％、直轄事業7％、自主事業4％、受託事業71％、管理費10％、他7％
役員構成	理事7名（うち理事長、副理事長1名ずつ）、監事2名、他1名
事 務 局	有給常勤職員11名、非常勤29名（契約形態は多様）、ボランティア有志約100名
特　　徴	自立と共生にもとづく地域づくりのための中間支援事業 役員数を最小限にとどめ、迅速かつ柔軟な意思決定を実現 正会員数も最小限に限定、多数の賛助会員の構成により、組織運営のコストを最小限に抑えつつ、賛同者のネットワーク拡大の双方の実現への配慮（正会員17名、賛助会員210名、2006年6月現在） 多様な契約形態による非常勤職員と、多様な経費保障形態によるボランティアの参加による事務局運営および事業実施 事業受託を中心とした運営 地域における Act Tank の機能を発揮（社会実験的事業の実施）
情報公開	団体概要、会計情報について初心者にわかりやすく抜粋、編集した状態で HP で公開 会報「市民フロンティア」

終章　社会におけるＮＰＯの役割

大阪経済大学客員教授・前尼崎市参与　末村祐子

序章では世界的なＮＰＯセクターの台頭が国内外問わない潮流であることと、日本社会の現状・課題とＮＰＯに関連する項目について、続く講義編では、序章にある状況を背景としつつ活躍するＮＰＯ・四団体の代表による講義録を中心に、実際のＮＰＯ活動の具体的な取り組みと、取り組む分野や内容によって異なる運営上の特徴、法人格や制度が活動に与える影響などについての考察を試みました。

終章では、ＮＰＯを社会における器[1]と位置づけ、その器に社会がどのような機能を期待するのかについて整理し、理解を深めるため、市場と政府、産業とＮＰＯの関係について、そして、ＮＰＯの組織的な特性と現在の日本のＮＰＯ制度を順に紹介していきたいと思います。

◇市場メカニズムとNPO

〈市場メカニズム〉

　NPOには少数意見の代弁者としての役割、社会的公正を実現する上での役割など多様な機能を期待されていますが、経済システムを基盤とする社会の構成員であることには変わりありません。NPOセクター台頭の理由として、市場の失敗という言葉も登場しました。そこで、ここで簡単にそのメカニズムについて整理しておきたいと思います。

　経済学では、一定の条件にあることを前提に、売り手と買い手の間で財の価格を信号として財の取引が行われます。価格の変化に対応し、需要量と供給量の両方が変動するシステム、すなわち「市場メカニズム」が、効率性を追求しつつも財の最適な配分を実現し、需要と供給のバランスをとり、安定した経済や社会を形成する方法として支持されています。

　ここでいう一定の条件というのは、完全競争市場といって、消費者と生産者の「多数性」、「商品の同質性」、消費者や生産者の名前に（例えばブランド名）で商品の購入が左右されることがないという「匿名性」、すべての消費者と生産者が製品について同じ情報をもっている「情報の完全性」、そして「市場への参入退出の自由性」の五つの条件が整った市場のことをいいます。完全競争市場が整わずおこる市場の失敗を「狭義の市場の失敗」と呼び、完全競争市場が整っていてもおこるだろう不具合を「広義の市場の失敗」と呼んでいます。「狭義の市場の失敗」は市場メカニズムにもそれ自体がもつ限界があるのだということを、「広義の市場の失敗」は市場メカニズムの機能が十分に発揮できない場合や、市場メカニズムによる対応が適していないような場合を想定するものです。

市場メカニズム自体にある限界（狭義の市場の失敗）とは、市場の外側で財の提供が行われることをいう「外部性の存在[2]」、「公共財の提供」、「将来予測が不確実であるのと同様に市場にも不確実性が存在すること」、「公正な所得の分配は市場では行われないこと」、「費用逓減産業の存在[3]」などを具体例としてあげることができます。一方の「広義の市場の失敗」は、例えば独占企業が存在するとか、市場そのものを支える法制度や規制、慣習などの基盤が整わない場合や、市場メカニズムが常に動態で不安定であることなどが具体例です[4]。

〈ＮＰＯの基盤整備〉

ここで少し実際のＮＰＯの活動現場に立ち返って考えてみましょう。ＮＰＯの組織特性として、使命至上主義というものがあります。これは、参入する市場における収益見込みよりも、社会性を重視し、社会課題の解決を最優先するといったことをさします。もしＮＰＯが使命最優先に、採算度外視で活動しているとすると、この場合、ＮＰＯは外部経済（市場メカニズムの外）として財のやりとりをしていることになります。一方で、実績を積んだＮＰＯなどにみられますが、医療、福祉や教育などのように競争市場に参入するＮＰＯも存在します。アメリカで、連邦政府によるメディケア・メディケイドプログラムの成長とともに、一九八〇年から八九年の間に営利の病院数が二八％増加し、一九八〇年代に開設された短期専門病院のうち、三分の二以上が営利病院、しかも営利病院の拡大は非営利病院が営利病院チェーンに買収されるという形で進められた例[5]などはNPOの競争市場への参入にあたります。また、本稿の『ケア・センターやわらぎ』のように、市場として成熟するずっと以前に活動を開始し、介護保険制度の構築にもその経験が貢献したことなどは、外部経済の主体としてサービスを提供したことで、次世代課題の醸成や対処方法の開発に貢献した例といえるでしょう。

「市場の失敗」というと、企業の不得意な機能や手を出さない市場を補完するといったイメージばかりを描きがちですが、「狭義の市場の失敗」から、NPOの活動領域は「市場メカニズムの内側」と「外部経済」の双方にあること、「広義の市場の失敗」からは、NPOが市場を通じて財のやりとりをしている場合も、その市場は小さかったり、市場基盤整備が試行の途中にあったりと、未成熟な段階にある場合がほとんどで、さらなる研究の深化が必要なテーマであることを、市場メカニズムがNPOに与える含意として整理したいと思います。

◇政府・市場・NPOそれぞれの役割

租税を徴収し、政策立案とともにその分配を決定し、立法により制度を整え、行政が法にのっとり執行することが政府の基本的な行動原理です。その昔「夜警国家」時代であれば、政府はその役割を国防、警察など最小限に抑えることができましたが、時代の変化とともに教育、医療、福祉などの社会サービスの提供も政府の役割とする「福祉国家」時代を迎えます。程度や方法論の違いはあれ、日本も同様の歴史をたどってきたわけです。しかし、福祉国家型の社会では、多様な社会課題に対応するにあたり、行政の役割が重要となることから、同時に行政の権限が増大します。乗じて立法においても行政をよく知る官僚が中心となることや、非効率、成果よりも前例や形式を尊重する、訓詁主義、省庁間の縦割りといったマイナスの側面が目立つようになります。

市場メカニズムには、それ自体に内在するシステムの限界や、市場メカニズムによる解決が適さない課題もあるため、政府は、公共財提供、費用逓減産業の価格規制、公正な資源配分などの介入によりシステムの不足を補完します。同時に、いわゆる悪しき慣行の代名詞としての官僚主義や、政府の非効率を改善するために、政府部門に一部市場メカニズムを活用することで、政府機能の補完をさせようとする動きもみられます。(6) 立法府や行政府で誰が何にどの程度関与し、どのようにリーダーシップを発揮するのかによって、政府の形は変化しますが、現在の日本は、官僚に多くを依存してきた形から、立法府（政治家）や国民を交えた形への再考のただ中にあるといえそうです。

もうひとつ、ＮＰＯから政府の行動原理を考える上で重要なのは、政府が一定の制度を構築する場合は、税を投入する根拠として、一定規模のニーズであることや、その課題が世論の支持を得ているものなのかどうか、の見極めが必要になるという点です。例えば、高齢化の進行に対し、政府が介護保険制度を構築した例ですが、高齢化率が現在の水準になるよりも前から、高齢者介護のニーズも、認知症のケアニーズも存在していましたし、家族による介護が可能な家庭ばかりではなく、第三者による介護ニーズも存在していたわけです。ですが、政府がそれまでの高齢者福祉制度から介護保険制度を前提とする研究会を発足させたのは一九九〇年代に入ってからで、実際の施行は二〇〇〇年四月。一〇年近い時間を要したことがわかります。[7]したがって、政策形成において少数意見の代弁者となり政策化の速度を加速することや、新たな政策課題発見の担い手となることも、ＮＰＯに期待される機能といえます。

◆成長分野とＮＰＯ

以上、市場メカニズムと政府の役割という二つの側面からＮＰＯへの含意について考えてきました。政府との関係においては、ＮＰＯが自主自律的に行動することで新たな政策課題の発見者や、政策化の加速を促す存在になりうるということを、市場メカニズムにおいては、ＮＰＯは正の外部経済の重要な担い手であり、発展形態によってはＮＰＯ自身が部分的に市場メカニズムにおける経済主体そのものになりうるのだということを、理解することが重要です。

産業構造審議会新成長政策部会報告書「イノベーションと需要の好循環の形成に向けて～持続的成長の下での安心と価値実現社会～」では、二〇〇一年から二〇一〇年の間に成長が見込まれる産業分野として、技術革新による新しい医療、安心できる介護制度の構築、保育サービスの充実、高齢者にも快適な住環境の実現、環境にやさしい製品の実現、環境・エネルギー関連の中間財・設備投資、コミュニケーション・参画に関する需要、自己啓発・再教育に関する需要などを見込んでいます（図表1参照）。現在ＮＰＯ法人が活動する分野は上位から、福祉、保健医療、環境保全、文化・芸術・スポーツ、地域づくり、子どもや社会教育、の順[8]であることから、ＮＰＯの活動分野と今後の産業の成長分野に関連があることがわかります。

ＮＰＯは自らが取り組むテーマや分野を、現在の市場や採算ベースだけを根拠にするのではなく、個々の感性や、緊急に対応せざるをえない事情などをおりこみ決定することから、外部経済の担い手となったり、市場メカニズムにおける経済主体となったり、時にはその間を相互に行き来することさえあり、その活動領域は無限大です。講義録からもわかるように、『ケア・センターやわらぎ』は介護保険制度開始の二〇年近く前から同分野の活動を手がけていましたし、『プロップ・ステーション』は障がい者の就労とＩＴ産業の融合を試みています。また、『ＣＳ神戸』ではこれまで自治体による直接あるいは間接的、または部分的な補助金投入

図表1　2010年までに成長が期待される主要な財・サービス

（単位：兆円）

成長分野や財の内容	2000年	2010年
技術革新による新しい医療等の実現	3.8	10.7
安心できる介護制度の実現	4.9	10.0
保育サービスの充実	1.3	2.6
高齢者にも快適な住環境の実現	0.2	1.6
環境にやさしい製品の実現	1.1	2.6
環境・エネルギー関連の中間財・設備投資	22.0	39.0
人とのつながり（コミュニケーション・参画）に関する需要	5.0	11.3
自己啓発・再教育に関する需要（多様なマルチメディアコンテンツを自由に享受）	2.4	14.7

注：新成長政策部会は現在は基本政策部会に移行。
出所：産業構造審議会新成長政策部会報告書「イノベーションと需要の好循環の形成に向けて～持続的成長の下での安心と価値実現社会～」2001年３月より一部抜粋。

によってまかなわれてきたバス事業という公共交通の分野で、利用者と企業の二者により成立するコミュニティバス事業の立ち上げを成功させました。このように、ＮＰＯごとのネットワークや自由な感性によってテーマを選択し、自らの意思で取り組む課題には将来の成長産業につながるものも多くあります。ＮＰＯの独自性[9]が、次世代の成長分野の醸成機能を発揮している例ともいえそうです。

◇ＮＰＯの組織特性

前節では、社会がＮＰＯに対して期待する機能について理解するために、代表的な理論や国や時代が違っても同様に論じられるであろう視点について確認してきました。これらを基本に、本節ではＮＰＯという組織が、他と異なる点、共通する点について確認したいと思います。

〈ＮＰＯと営利組織〉

今でも時折、ＮＰＯの「非営利」という言葉が、儲けない、利益を出さないという意味で使われている場面をみかけます。また、市場の失敗の印象が強すぎるのか、ＮＰＯは善で、営利組織は利益だけを追求する金の亡者かのようなイメージをもたれているような場面に遭遇することもあります。

市場メカニズムの節で触れたように、ＮＰＯは正の外部経済の担い手であると同時に、市場メカニズムにおける経済主体としての機能も保持しています。ですから、「非営利性」について考える場合、ＮＰＯや公益法人だけを想定するのではなく、同じ経済主体である営利組織と比較することで、社会がＮＰＯに期待する機能と、組織がもつ特性を関連づけて理解することが可能です。そこで、本節では組織構成と資源調達の原理、そして組織の統治の順にみていきたいと思います。

〈組織構成とガバナンス〉

まず、組織の構成ですが、ＮＰＯは、社員総会と理事会、事務局からなっています。営利組織も、株主総会と取締役会、そして事務局による構成です。ＮＰＯの社員総会の場合、社員が意思決定で行使できる権限は一人一票ですが、営利組織の場合は株の保有規模で変わります。

図表 2　NPO と営利組織の構成比較

NPO

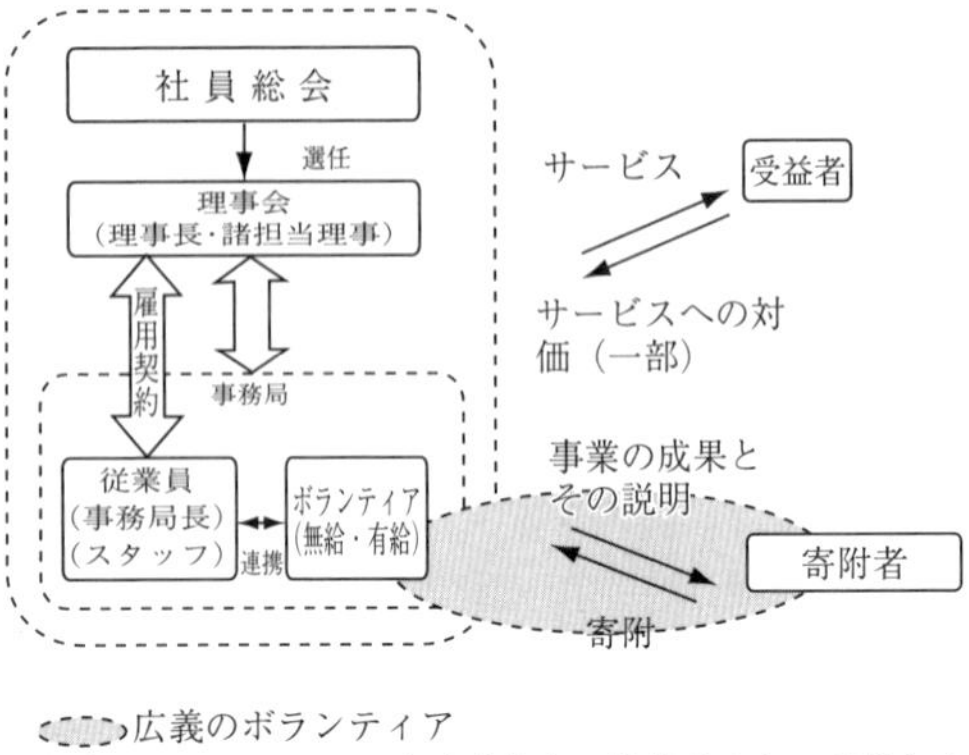

＊広義にはボランティアも寄付者も、提供するものが異なるだけで双方ともボランティアとして位置づけることが可能

営利組織

（新会社法における取締役会設置会社を例に作成）

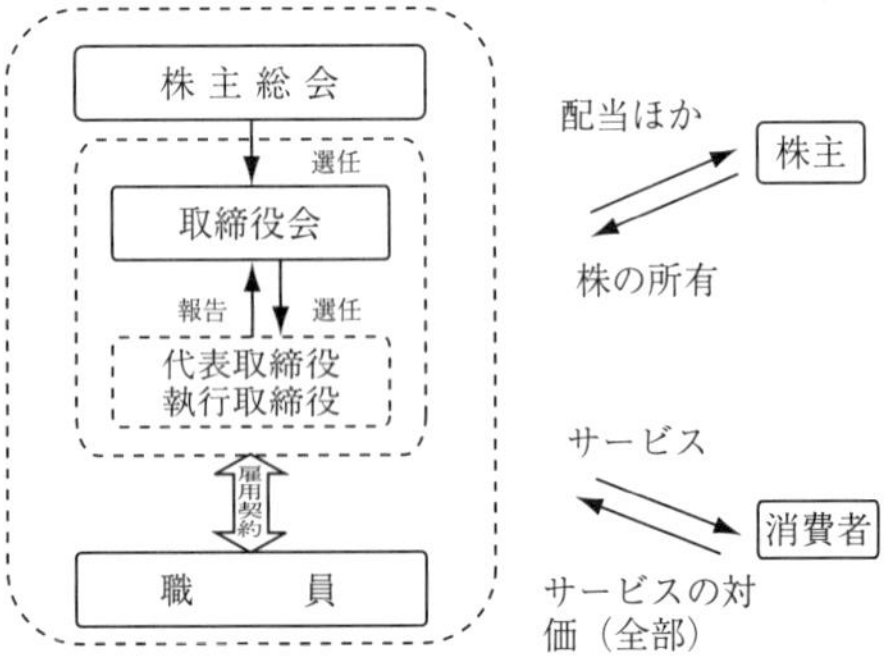

＊会社の代表は、原則取締役会

＊定款の定めにより、取締役会、会計参与、監査役、監査役会、会計監査人または委員会の設置が可能

＊取締役会の非設置会社もある

また、事務局で働く職員ですが、ＮＰＯの場合、雇用契約を交わし従事する従業員の他に、組織の使命、事業の目的などに賛同して自らの意思で労働力を提供する雇用関係のないボランティアが存在していることが特徴です（図表2参照）。

ＮＰＯも営利組織も、意思決定と執行、そして組織や事業運営の公正さについて自ら律するための機能（監査機能）、の大きく三つの機能を内在しています。組織の機関設計や、大きな方向性についての最終決定と公正であるかどうかの最終チェックは、社員総会と株主総会において、そして、日常の組織や事業運営に関する意思決定は理事会や取締役会が、執行役員が事務局を指揮監督しながら実務を執行します。

意思決定機関と執行機関の関係は重要です。ＮＰＯの場合、従来の公益法人における理事が名誉職的な色彩を帯びることも多かったことから、理事会と事務局を機関設計上も明確に分ける団体を以前は多くみかけましたが、最近は専務・常任理事が事務局長を兼任するなど、意思決定と執行の距離を縮めた機関設計の団体も増えました[10]。

意思決定、執行、自律機能、これら相互の力関係と、どのような機関設計を行うか、そして組織がもつ文化・風土は、組織の成果に大きな影響を及ぼします。そして、この組み合わせや組織運営のあり方のことを組織のガバナンスといい、個性が表れます。したがって理事会の性格や能力は組織全体の成果を左右する重要な存在です。ＮＰＯは営利組織以上にステークホルダーが多様なため、理事会の構成、役割も多様ですが、全米非営利理事協会では理事会の基本的な役割以下として紹介しています（図表3参照）。

〈資源調達の原理〉

NPOと営利の最も大きな違いは、出資者に対する利益分配の有無にあります。営利は株の保有を通して出資した本人に、配当という形で利益を分配し、より高い配当を得ることが出資者の出資の動機となります。一方、NPOは、寄附という形で資金を得ますが、仮に大きな収益が得られたとしても、利益は次の事業を通して社会に還元し、寄附者への配当は行いません。その事業の成果にどれだけ満足するか、が寄附者の寄附の動機です。

これが、NPOの特徴は価値観、理念を組織原理としてもっていること、営利組織は利益追求という論理で行動することが特徴とされる所以です。[11] 営利組織の場合はあらゆる資源調達において、収益という測定可能な基準（ものさし）が基本になりますが、NPOの場合、絶対的な基準が存在しませんから、組織が掲げている理念に共感できるかどうか、計画されている事業に共感できるかどうか、理念や事業を実現できる運営能力をもっているかどうかが、寄附者の基本的な判断基準です。また、リーダーの資質、カリスマ性といった属人的なことが基準になる場合もあり、寄附者の動機が多様であることが、NPOと営利組織との資源調達の原理として大きく異なる点です。

図表３ 全米非営利理事協会における理事会の役割

組織の目標と目的を定めること
経営責任者を選任すること
経営責任者を専任し、その業績を評価すること
効率、効果的な組織の事業計画を確立すること
適切な経営資源を確保すること
経営資源を効率的に活用、管理すること
組織の事業やサービスを決定し、経過に注意をはらい強化に努めること
組織の社会的基盤を強化すること
法的、倫理的な完成度を追求し、社会的な信頼を維持すること
新たな理事を採用し理事会の業績を評価、向上すること

出所：National Center for Non-profit Boards（NCNB・現 Board Source）“The Basic Responsibilities of Nonprofit boards”.

サービスや商品の利用者という点では、営利組織の場合、利用者はサービスを全員同じ価格で購入しますが、ＮＰＯでは、サービスの利用者の状況によっては対価を支払わない場合もあり、この点も相違点といえます。

〈ＮＰＯとボランティア〉

ＮＰＯが活動する市場は、先に紹介したように、市場での取引価格の設定が困難であったり、市場規模が十分ではなかったり、といった性格をもっています。したがって、活動に必要な経費も営利組織と同レベルには準備できない場合もあります。すべての活動に有給職員で取り組むことが困難な場合も多く、そんな時、有給職員とボランティアが協力して事業に取り組む機会も多いことから、ＮＰＯとボランティアはイコールだと理解されることも多いようです。

ボランティアという言葉はそもそも、「自らの意思で動く人」を意味する言葉で、組織や仕組みを意味するものではありません。阪神淡路大震災での経験に照らして整理すると、全国から期間を区切って被災地に駆けつけた方々がボランティアで、刻々と変化する現地のニーズに合わせて事業を展開することで、善意と被災地のニーズとの調和を図っていたのがＮＰＯです。つまり、ボランティアは事業や組織に身を投じる意思のある個人のことを意味し、そうした人材や寄附などを活かしながら課題解決のための事業を運営する組織をＮＰＯといいます。

◇日本のＮＰＯ制度

市場メカニズムと政府の行動原理を通して、社会がＮＰＯに期待する機能を、そして、ＮＰＯの組織構成、統治、資源調達の原理を通して主体としてのＮＰＯの特徴を概観してきました。理論的にも、また現実の社会において発揮しうる機能という点でも、ＮＰＯをどこに位置づけて、制度整備を行うのかは国家の形にも影響する重要なことがらといえます。しかし、現在の日本のＮＰＯ制度は、明治維新を境に西欧型の近代国家へと移行した際に制定された法典を基盤に構成され、根本に矛盾をはらんでいることから「手に負えぬほど複雑で錯綜した法体系[12]」であり、わが国のＮＰＯの現況について正確な全体像を把握することは至難の業[13]といわれる様相を呈しています。中間法人制度についての検討のため法務省に設置された研究会であった法人制度研究会[14]の報告書には、「公益法人及び会社の他にも、民法第三十三条に基づく数多くの法人制度が存在し、これらの法人制度は、新設・廃止を含め法改正が頻繁に行われるためその正確な数の把握は困難であること。また一九九八年三月末現在で法人設立の根拠となる法律は約一八〇本存在し、また、法律上『〇〇法人』等と名付けられた法人類型は約二五〇存在する。この中にいわゆる特殊法人など全国を通じてひとつしか設立されない法人類型が相当数含まれておりこれを除外すると約一三〇の法人類型が存在することとなる」とあり、把握そのものさえままならない状況にあることが記されています。このような状況を呈する背景には、「公金の公の支配に属しないものへの支出を禁ずる」という憲法八九条規定[15]を特別法により個別に規定することで克服しようとする力学が働くことや、国家によるインセンティブの役割もはたす税制が経済活動の中味ではなく法人格と連動すること、公益・公共に係る法人の管理を主務官庁の下に置く必要があるため、乗じていわゆる「天下り先の確保」のために法人設立が推進されること、同時に連動する補助金創設の問題等、複雑に絡み合う法の矛盾、行政慣行の問題が存在しています。二一世紀に入り新たな日本の公共システムを再構築するにあたっては、このような法律の矛盾の解消や行政運営上の課題の克服が待たれるところです。

特定非営利活動促進法によるＮＰＯ法人は戦後から約半世紀を経て制定されたこと、市民による自発的な公益活動の認知度の高まりを背景とすることなどから、法人格取得においては許

図表4　日本における法人・組織制度

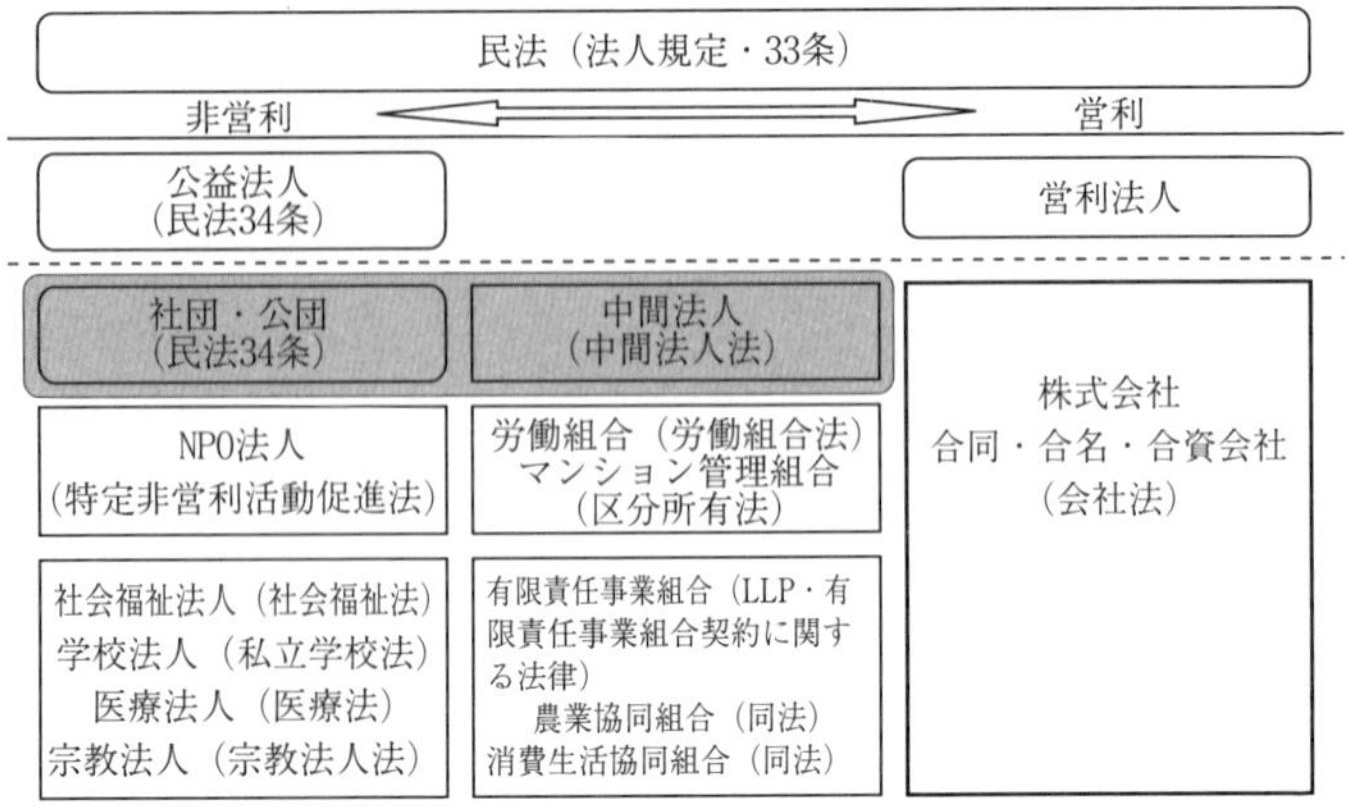

注：［網掛け］は2006年６月公布の公益法人制度改革において変更された部分。
　財団・社団法人は一般財団・社団と公益財団・社団に２分。中間法人制度は廃止された。
出所：経済産業研究所「新しい非営利法人制度研究会報告書」を参考に新法に照らし著者作成。

可ではなく認証という主務官庁の関与の程度は軽減された内容となりましたが、公益法人に関する法律の基本的な枠組みの中、すなわち、公益法人を基盤とする特別法による存在であることには変わりありません。

二〇〇六年五月には営利活動を行う仕組みである株式会社についても、これまで「旧商法第2編」、「有限会社法」、「商法特例法」と分散して規定されていたものを「会社法」として統合し、有限会社制度を廃止するなどの改変が行われ、一方では法人格のない組合として有限責任事業組合（Limited Liability Partnership）が二〇〇五年七月に施行されるなど、営利組織についても制度に変化がみられます。非営利と営利を含む法人や組織に関する制度の全容は図表4のように複雑です。ＮＰＯが正の外部経済の担い手であることや、部分的には市場メカニズムにおける経済主体としての機能ももつこと、公共分野における営利性、非営利性の調和は今後ますます重要なテーマとなっていくことを考えると、公益法人制度の枠内においてのみＮＰＯ制度を検討するのではなく、営利、非営利、税制を同時に検討し、グランドデザインを構築することが何より重要なのではないかと思われてなりません。

(1)　ここでいう「器」の意味は、株式会社における「社会の公器論」に準じるもの。営利セクターでは、会社を、高度経済成長時代にみられたように、従業員とその家族の幸福のためのもととする「従業員主権論」、資本主義の原点に立ち発展させた、株主のためのものとする「株主主権論」、そして最近の企業の社会責任論にみられるように、社会に仕えるためのものとする「社会の公器論」があります。最近の動向からすると「株主主権論」と「社会の公器論」の二つの会社観が主流と思われます。

(2)　社会的な利益となる財を提供する場合を「外部経済」（例：教育、無償福祉サービス、花壇など）、社会的なコストとなり有害な財を提供する場合を「外部不経済」（例：大気汚染など）といいます。

(3)　初期の莫大な投資により顧客が一単位増えても、そのために必要となる費用（限界費用）が限りなくゼロに近いような産業（例：鉄道、電気、通信など）。

(4)　中村達也ほか『経済学の歴史――市場経済を読み解く』（有斐閣、二〇〇一）、熊谷尚夫『経済政策原理――混合経済の理論』（岩波書店、一九六四）、武隈慎一『ミクロ経済学』（新世社、一九九七）ほか。

(5)　レスター・Ｍ・サラモン『ＮＰＯ最前線』（岩波書店、一九九九）。

(6)　民営化や規制緩和、民間資本の活用など。

(7) 一九九二年厚生省(当時)「介護費用に関する関係課長会議」創設。実態として牽引力となった幹部による私的研究会「高齢者トータルプラン研究会」も始動。
(8) 経済産業研究所「二〇〇五年NPO法人アンケート調査結果報告」より。
(9) 一般的な営利組織であれば、参入しないような困難の多い市場に参加する場合や、市場と外部経済活動の双方を混在させた運営が必要となる場合など。
(10) 株式会社の場合は、執行に携ることを前提に取締役会の中に代表取締役と執行取締役が存在し、執行の指揮監督にあたります。また、定款の定めにより、取締役会、会計参与、監査役、監査役会、会計監査人または委員会の設置が可能で、これらの組み合わせによって異なる機関設定になります。また、選択できる機関設計は、会社の規模(株式公開か否か含)によって、違いが設けられています。
(11) 電通総研『NPOとは何か』(日本経済新聞社、一九九六)。
(12) ナンシー・R・ロンドン著、平山眞一訳『日本企業のフィランソロピー』(TBSブリタニカ、一九九二)。
(13) 初谷勇『NPO政策の理論と展開』(大阪大学出版会、二〇〇一)。
(14) 法人制度研究会『法人制度研究会報告書』(法務省、一九九九)。
(15) 公金その他の公の財産は、宗教上の組織若しくは団体の使用、便益若しくは維持のため、又は公の支配に属しない慈善、教育若しくは博愛の事業に対し、これを支出し、又はその利用に供してはならない。

おわりに——講義のふりかえりとともに

本書はＮＰＯの取り組みに焦点をあてながら、今後の日本の公的部門のあり方の模索を旨に展開してきました。制度がまだ途上にあるということや関連する理論もお伝えしてきましたが、何よりも生き生きと個性や能力を発揮するＮＰＯの姿を通じ、「公（おおやけ）」というものが、私たち一人ひとりの人生をより豊かにする取り組みの延長線上にあるものだということを、明確にお伝えできていれば嬉しく思います。

二〇〇七年問題に象徴される団塊世代の方々のライフステージ変化の時期も間近です。団塊世代の方々を筆頭に、より多様な属性の人間一人ひとりが自らの人生に謳歌しつつ誠実に生きる。ＮＰＯにまつわる制度は、多様な生き方を支えるための社会基盤として整備されるべきで、制度の理念を理解した上で生かせるように、法に関する情報は必要な内容を十分、かつ、わかりやすく市民に提供されることが重要だと常々思っています。市民は変化した価値観を新たな方法論で行動に移しながらお任せ民主主義の時代を卒業し、政府・行政も広聴の能力の向上に努力する。市民・政府・行政が相互に敬意を払い影響しあいながら、社会の質を向上させる。

そんな時代の到来といえるのではないでしょうか。

オープンカレッジでは市民による身近な取り組みとして各団体の経験を講義いただきましたが、いずれも存在意義が明確で異なる個性のもと、市民らしい創意工夫が感じられる内容でした。本稿に掲載した四団体も、ピラミッド型上意下達のヒエラルキーに拠らずに、社会から多くの支持を得ていますが、それには共通の理由があるようです。

- 明確な目標と問題意識をもつリーダーが存在し、その価値観に基づく事業展開に賛同者が集っていること
- どのリーダーも個人の人生をあゆむ過程で構築されたネットワークを活動を展開する上での資源としていること
- 各分野で信頼される存在であり、第三者までもが相談をもち込むような存在であること
- 法人格の必要性、取得すべき法人格の種類について明確な見解のもとに選択していること
- 社会変革への意思があること

共通点の存在と同時に、講義録からは、ＮＰＯセクターとして、ひとくくりに分類されてしまう活動にも、使命達成へのアプローチやマネジメントスタイル、事業展開にはずいぶんと個性があることがわかります。

住民監査請求という、個人でも取り組める手法で、透明度の高い効果的な行政の実現に取り

組む『見張り番』は、住民監査請求の継続性を重視し、任意団体でいることを選択し身軽な運営を心がけていました。まだまだパラダイム転換にまでは至っていない日本の障がい者福祉の分野で活動する『プロップ・ステーション』は、社会福祉法人として取り組むことによりダイレクトに該当テーマに挑んでいます。組織力の発揮という点で卓越している『やわらぎ』と『CS神戸』。両団体とも人間が等身大で暮らせる範囲という意味での「地域」にこだわり、地域における多様性を尊重することで活力につなげ暮らしやすさを実現することを使命としていますが、『やわらぎ』の場合はあらゆる対象への人的サービスの提供という手法でその実現をめざし、一方、『CS神戸』の場合は、人的サービスの直接提供ではなく、アクトタンクとしての性格を強めることで使命の実現をめざしています。『やわらぎ』は、サービスの質の向上への徹底したこだわりが、組織力の向上につながっていましたし、『CS神戸』では多数実施している社会実験的事業において多様な働き方が試行され、このことが組織の個性となっています。

また、『やわらぎ』は、NPO法人格と社会福祉法人格という異なる法人格の連携で機能を相互に補完する運営を、『CS神戸』は、最小規模に抑制した正会員数と理事会構成により、きわめて迅速で効率的な意思決定を可能とする運営手法を心がけています。こうした二団体の試みには、組織や法人格の維持を本来の事業展開の妨げにしないようにという意識が感じられましたし、同時に、既存の制度や多様な人材を有効に活用する上で、NPOが高い資源再構築能力をもっていることを証明しました。

本稿に掲載した四つのNPOは、使命達成のために異なる手法を駆使し、個性あるマネジメントで事業を展開しています。オープンカレッジで講義いただいたほかのNPOも同様に創意工夫にあふれる活動を展開されています。講義では、こうした創意工夫こそが、未来への変革を促すものに他ならないのだということを私たちに伝えてくれたように思います。社会生態学者として社会を多方面にわたり分析し、未来にむけた示唆を提示し続けたP・F・ドラッカーは、著書『非営利組織の経営』において「NPOは、非政府であること（政府ではないということ）や非営利であること（営利ではないということ）に意味があるのではなく、政府や企業とは異なる『何かをなす』もので、非営利組織が生み出す製品は一足の靴でもなく、効果的な規制でもない、治癒した患者、学ぶ子ども、自尊心を持った成人となる若い男女といった『変革された人間と人生そのもの』である[1]」と指摘しています。今回のオープンカレッジにおける講義にも、ドラッカーの指摘に通じる要素が多く含まれていたように思います。また、NPOが政府の透明性を高めることで、国民と政府の間にある信頼を醸成する機能も備えていることを付け加えておきたいと思います。

NPO法人だけでも二〇〇六年九月末日現在、二万九千の団体が認証され、広義の公益法人まで含むと膨大な数に上る日本のＮＰＯ。しかし、二〇〇六年九月にＮＰＯ法人を語り出資法に抵触する詐欺行為を働いた組織の事件が報道されたように、日本のＮＰＯのうち、本来の機能を発揮できているＮＰＯがどれだけあるのか、という点では懸念をもたざるをえません。個々のＮＰＯは、旧来のお上のお墨付きとして法人格という看板を利用したり、またはＮＰＯ法人の場合従来の公益法人よりも法人格を取得しやすいからという理由だけで認証申請するということではなりません。新旧入り混じり、基本理念の定まらない制度に甘んじている施政者も、そろそろ日本における二一世紀の公共をどう設計するのかについて包括的に考えなければ、財政収支の問題、急激に進む少子高齢化、労働力減少の問題、教育、急増する社会保障費の問題に、ただ増税することでしか解決への道筋を描けないということにもなりかねないという認識を高める必要があるでしょう。

ＮＰＯのために、ではなく、安定し、安心に暮らせる社会の構成要員としてＮＰＯをどう位置づけるのか。ＮＰＯという器を通して社会に何を送り出したいのか、ドラッカーのいう「変革された人間を生み出すＮＰＯ」を実現できるのかどうか、日本でも真剣に考えるべき時期が今なのではないかと考えます。

（１）　Ｐ・Ｆ・ドラッカー『非営利組織の経営』（ダイヤモンド社、一九九一）。

講義一覧

〈二〇〇五年度春学期〉

ゆたかな社会に向けて――NPOの挑戦

NPOをとりまく環境とその可能性　大阪経済大学客員教授　末村祐子
新公共管理の理論とNPO　大阪経済大学講師　柏原誠
大阪NPOセンターの取り組みについて　大阪NPOセンター代表理事　金井宏美
震災一〇年、復興活動から見た日本の市民セクター　被災地NGO協働センター代表　村井雅清
ケア・センターやわらぎの取り組み　ケア・センターやわらぎ代表　石川治江
チャレンジドを納税者にできる日本へ　社会福祉法人プロップ・ステーション代表　竹中ナミ
国レベルの政策形成への市民参加　構想日本運営委員・パブリシティディレクター　西田陽光
NPO経営・議員インターンシップ事業から　ドットJP代表理事　佐藤大吾
保健医療NGOシェアの経験　シェア＝国際保健協力市民の会理事　仁科晴弘
市民社会と国際協力活動　CSOネットワーク共同事業責任者　今田克司
国際社会と草の根の橋渡し　国連経済社会理事会NGO 反差別国際運動（IMADR）事務局長　森原秀樹
総論（まとめ）　大阪経済大学客員教授　末村祐子

〈二〇〇五年度秋学期〉

地域と共に――二一世紀の公共〈NPO・企業・行政の協働〉

行政法に見る公私協働論　大阪経済大学講師　福永実
「行政管理」から「行政経営」へ　大阪経済大学講師　柏原誠
三位一体改革と自治体運営　尼崎市助役　中村昇
社会状況の変化と地方自治　尼崎市助役　江川隆生
市民オンブズマン活動　市民グループ「見張り番」代表世話人　松浦米子
NPOと行政　特定非営利活動法人　男女共同参画ネット尼崎理事　内田信子
コミュニティーとNPO　CS神戸　理事長　中村順子
セクター間の人的資源交流と協働　近畿労働金庫　地域共生推進センター長　法橋聡
総論（まとめ）　大阪経済大学客員教授　末村祐子

執筆者紹介（執筆順）

末村祐子（すえむら　ゆうこ）　（編著者）はじめに，序章，
大阪経済大学客員教授・前尼崎市参与　各講義解説，終章，おわりに

松浦米子（まつうら　よねこ）　［講義編］CASE 1
市民グループ見張り番代表世話人

竹中ナミ（たけなか　なみ）　［講義編］CASE 2
社会福祉法人プロップ・ステーション理事長

石川治江（いしかわ　はるえ）　［講義編］CASE 3
特定非営利活動法人ケア・センターやわらぎ代表理事
社会福祉法人にんじんの会理事長

中村順子（なかむら　じゅんこ）　［講義編］CASE 4
コミュニティ・サポートセンター神戸理事長

2007年1月30日　初版第1刷発行

NPOの新段階
—市民が変える社会のかたち—

編著者　末 村 祐 子
発行者　岡 村 　 勉

発行所　株式会社　法律文化社
〒603-8053 京都市北区上賀茂岩ヶ垣内町71
電話 075 (791) 7131　FAX 075 (721) 8400
URL:http://www.hou-bun.co.jp/

印刷：㈱冨山房インターナショナル／製本：藤沢製本所
装幀　仁井谷伴子
ISBN978-4-589-02989-8